드라마는 세계

드라마는 세계

드라마 연구회 지음

**TV 드라마를 향한
애호와 탐구의 시간**

NUANCE

일러두기

1. 드라마, 영화는 〈 〉, 책, 신문, 잡지는 『 』, 노래는 「 」, 미술 작품, 전시는 《 》로 묶어 표시했다.
2. 이름의 경우 실제 배우의 이름은 괄호 안에 넣어 '극 중 이름(배우 이름)' 순으로 표기했다. 실제 배우명은 극의 이미지를 쉽게 떠올리도록 첫 등장 외에도 여러 차례 반복하여 써두었다.
3. 맞춤법과 외래어 표기는 국립국어원 표준국어대사전에서 규정한 표기법에 따르는 것을 기본으로 했으나 널리 통용되는 명칭은 예외를 두었다.

차례

서문 드라마를 사랑하는 마음으로 **박가희** ········ 006

도약 드라마 연구회 회칙 ········ 016

　　　드라마 연구회를 창설하며 **임영란** ········ 021

1부 시선 영상 매체의 양방향성과 외연 탈피 가능성 연구:
　　　임성한 드라마를 중심으로 **임영주** ········ 024

2부 경계 연결된 세계: 드라마의 안과 밖 **남선우** ········ 098

3부 수행 Growl: 사극과 메탈의 으르렁거림 **최윤석** ········ 186

4부 여적 인턴 연구 일지:
　　　바람 잘 날 없어도 드라마는 계속된다 **유진영** ········ 258

서문
드라마를 사랑하는 마음으로

박가희

인생에 하나쯤 있는 드라마에 대한 기억을 톺아본다. 인생의 첫 드라마, 인생 드라마 등의 열쇳말을 통해 드라마 연구회의 도약을 알린다.

박가희

미술이론을 전공했으며, 전시와 프로그램을 만드는 큐레이터로 활동 중이다. 기획을 배움의 한 방식으로 여기며, 미술을 통해 앎과 경험을 나누는 일을 지속하고 있다.『큐레이팅 9X0X』(공저)를 집필했고,『스스로 조직하기』를 번역했다. 드라마는 장르를 가리지 않고 애청하며, 그 애정으로 드라마 연구회 상임고문으로도 참여하고 있다.

□

"요즘 드라마를 연구하는 모임을 하고 있어요."

지인들에게 이렇게 말하면, 다들 희곡이나 문학의 한 장르인 줄 넘겨짚는다. 함께하는 연구원들의 흥미진진한 드라마 연구를 신나서 소개하기 시작하면 이내 다들 오해였음을 깨닫는다. 아마도 TV 드라마를 연구의 대상이라기보다는, 여가 시간을 소비하는 영상 매체 혹은 접점이 없는 누군가와 편하게 나눌 수 있는 스몰 토크의 소재 정도로 여겨왔기 때문일 테다. 과거의 나 역시도 마찬가지였다.

하지만 아무리 드라마를 좋아하지 않는 사람이라도 인생에 기억하는 드라마 하나쯤은 있게 마련이다. 내가 드라마를 즐겨 본다는 사실을 깨달은 건 임영란 회장으로부터 드라마 연구회에 입회할 것을 제안받은 순간이었다. 나도 모르는 사이에 요일마다 즐겨 보는 드라마가 있었다. 회원들과 대화 중에 언급한 드라마의 대부분을 이미 봤다는 사실도 깨달았다. 나의 20대는 특정 예능 프로그램과 함께 보냈고, 30대는 드라마와 함께했다고 단언할 수 있었다.

보는 것을 항상 비평의 대상으로 삼는 미술을 업으로 하고, 바늘처럼 날카로운 기운의 현침살을 사주팔자로 가진 나지만, 왜인지 드라마에는 꽤나 관대한 편이라는 사실도 최근에 깨달았다. 드라마라면 큰 호오가 없이 닥치는 대로 보는 편이다. 스릴러, 추리, 타임슬립, 그리고 소위 막장이라고 논란이 되는 드라마에는 더욱 열광한다. 아마 다른 드라마 연구원들과 가장 많은 교집합을 이룰 것이다. 왜 이렇게 나는 드라마를 애청하게 되었을까?

드라마에 관한 많은 기억이 주마등처럼 스쳐 간다. 그중 세 가지 장면을 통해 드라마에 대한 애호 혹은 드라마 연구회에 대한 호기심으로 이 책을 펼쳤을 독자에게 드라마에 대한 사랑을 나누고자 한다.

하나.

첫 장면은 '첫 드라마'에 대한 기억이다. 회원들이 모여 대화하던 중 하루는 '인생의 첫 번째 드라마'에 대해 이야기를 나눈 적이 있다. 분명 그 전에도 드라마를 보았을 테지만, 당시 내가 인생의 첫 드라마로 기억하는 작품은 〈아들과 딸〉(1992~1993)이었다. 대화 이후 찾아보니 기억하는 드라마 중 일부는 〈아들과 딸〉보다 앞서 방영된 것도 있었다. 한 해 앞서 방영된 〈여명의 눈동자〉(1991~1992) 같은 드라마가 한 예였는데, 어린 내가 이해하기에는 어려웠기에 기억에 크게 자리 잡지 못한 듯하다.

첫 드라마 역시 기억이 선명하지는 않지만, 〈아들과 딸〉은 어린 마음에도 보는 내내 후남에 대한 가족과 사회의 태도가 어린 마음에도 부당하게 여겨졌다. 유난히 가부장적인 분위기가 엄숙했던 외가에 방문할 때면 나는 평소 집에서 느끼지 못했던 이상한 차별을 느꼈다. 아마 드라마를 보는 내내 그 불편함이 상기된 듯하다. 사촌들과 둘러앉아 만화를 보는데 왜 나만 심부름을 해야 하는지, 제사가 끝나면 왜 남자랑 여자랑 상을 나눠 앉아 밥을 먹어야 하는지와 같은 의문이 들었다. 여전히 호주제가 존재하던 시대였으니 해당 드라마가 가졌던 영향력은 가히 어린아이도 이해할 수 있을 만큼 강력하게 사회를 반영하고 있었을 테다.

둘.

두 번째 장면은 '인생 드라마'다. 고심 끝에 하나를 꼽기 어렵다는 결론을 내렸다. 워낙 드라마에 한해서는 잡식성인 데다, 특정 작가, 감독, 장르에 대한 선호가 다른 연구원에 비해 크지 않다. 게다가 한 작품만 꼽기에는 너무 위대한 드라마가 많지 않은가? 물론 아예 시작조차 하지 않는 드라마도 있다. 이상한 점은 그 기준이 무엇인지 뚜렷하지 않다는 거다. 예를 들어 〈어쩌다 발견한 하루〉

⟨2019⟩는 매주 방영을 기다리며 시청했으면서 ⟨선재 업고 튀어⟩(2024)는 볼 생각조차 안 했고, 평소 공감대를 잘 형성하는 몇몇 지인들이 불편하다 지적했던 ⟨우리들의 블루스⟩(2022)는 눈물 콧물 쏟으며 애청했지만, 최근 가장 인기를 몰았던 ⟨폭싹 속았수다⟩(2025)는 왜인지 시작할 호기심조차 생기지 않는 식이었다.

내게는 한번 빠진 영화나 드라마는 긴 시간이 지나도 생각날 때마다 몇 번이고 반복해서 보는 습관이 있다. 인생 드라마란 때때로 격조해도 희로애락을 함께 나누며 관계를 이어가는 친구 같은 게 아닐까? 당시 나의 상태와 가치관에 따라 줄곧 만나기도 잠시 멀어지기도 하지만, 결국 늘 돌아갈 수밖에 없는 존재. 그러니 인생 드라마는 딱 한 편일 수 없고, 늘 같을 수도 없다.

삶이 고단했던 날에는 여지없이 ⟨멜로가 체질⟩(2019)을 본다. 방영 이후 전체 시리즈를 다섯 번 넘게 본 드라마다. 어떻게 세 친구와 친구의 동생과 어린아이까지 다섯 식구가 한집에 같이 살게 되었는지 밝혀지는 장면은 열 번도 넘게 봤다. 서로를 아끼는 마음은 드라마가 다루는 멜로의 모양보다 더 감동적이었다. 나의 친구들이 떠오르며 대리 위로를 받았기 때문일 테다.

정의심을 불태우고 싶은 날이면 ⟨고려 거란 전쟁⟩(2023~2024), 카타르시스를 단전에서부터 끌어 올리고 싶은 날에는 〈결혼작사 이혼작곡 1〉(2021), 몽글몽글한 마음을 품은 채 잠들고 싶을 때는 〈남자친구〉(2018~2019), 쓸쓸함과 따뜻함을 동시에 느끼고 싶을 때는 〈나의 해방일지〉(2022) 혹은 〈나의 아저씨〉(2018), 달려가는 여성시대의 기운을 뿜뿜 받고 싶을 때에는 〈검색어를 입력하세요 WWW〉(2019)를 보곤 한다. 어느 순간부터 일과의 끝에는 항상 드라마가 있었다.

셋.

마지막 장면은 단연 드라마 연구회가 탄생할 수 있었던 〈아씨 두리안〉(2023)을 포착한다. 저마다 다른 관심사와 취향을 가진 우리를 잇는 공통분모는 피비(aka 임성한) 작가다. 나는 다른 회원들에 비해 비교적 늦게 그의 매력에 빠졌다. 우연히 유튜브 알고리즘을 통해 그의 명작인 〈오로라 공주〉(2013)를 발견했고 정주행하던 중에 입회 제안을 받았다. 모임 중 모두 피비 작가의 작품을 무척이나 탐닉한다는 사실을 알았는데, 하늘이 점지하듯 그 무렵 그의 신작 〈아씨 두리안〉이 방영을 시작했다. 첫 방영일인 2023년 6월 24일 우리는 연구회의 입회식을 열었고 자축의 의미로 드라마 첫 회를 함께 시청했다. 회장님이 준비한 가운을 입고 비녀를 꽂은 채 두런두런 모여 앉아 시청을 마치고, 다소 급진적인 극의 구조로 인해 흥분함과 동시에 시청률을 걱정했다. 〈아씨 두리안〉은 우리를 잇고 모으는 도구로 종영일까지 초기 연구회 활동의 큰 역할을 했다.

아직도 그날의 상기된 회원들의 얼굴을 선명히 기억한다. 그날 이후로 이어진 우리의 모임은 드라마가 가진 '사람들을 모으는 힘'을 그 자체로 증명하는 일이 되기도 했다. 누구에게든 드라마에 대한 기억이 하나쯤 있고, 드라마 연구회 역시 애호하는 드라마의 취향도 드라마를 좋아하는 이유도 다르지만 '드라마'라는 대상이 있었기에 모일 수 있었다. 이 점이 드라마를 더욱 사랑할 수밖에 없게 만들었다.

앞으로 펼쳐질 글들은 지난 2년여간 연구원들이 관심을 갖고 애정으로 써내려간 중간 결과다. 임영란 회장의 드라마 연구회 창설 취지와 의미를 시작으로, 자타 공인 피비 작가의 오랜 팬인 임영주가 다분히 애정 어렸으나 편파적이지 않은 섬세한 시선과 각도로 임성한 작가의 작품들을 발굴하듯 분석한다. 드라마의 세계를 통해 본 드라마의 허구적 성격과, 드라마와 세계를 맞대어 드라마가 갖는 현실성과 양면성을 다루는 남선우의 글을 통해 오락과 기호로서만의 드라마가 아닌, 우리 삶과 닿아 있는 드라마의 다양한 측면을 너르게 엿볼 수 있다. 최윤석은 드라마에서 작중 효과로 사용되는 사운드와 시각적 요소에 대한 관심에서 시작하여, 이번 연구에서는 음악의 한 장르인 메탈의 그로울링 창법과 사극의 발성을 연결지어 살핀다. 마지막으로 조금 늦게 연구회에 합류한 유진영은 드라마 연구회에 거리를 두고 관찰한 일지와 함께 OTT 등 새로운 시청 매체의 등장과 사회 문화적 변화가 드라마 제작에 어떤 영향을 끼쳤는지 시트콤이라는 특정 장르를 통해 살펴본다. 첫 번째 독자로서 글을 마주했던 나에게는 어느 하나 흥미롭지 않은 글이 없었다. 연구원마다 드라마를 보는 시각과 주목하는 요소가 서로 다른 점은 읽기를 더욱 즐겁게 해주는 힘이었다.

모쪼록 이 책이 그리고 우리의 연구가, 또 드라마에 대한 사랑이 드라마를 애호하는 이들에게는 공감을, 아닌 이들에게는 자신들의 장면을 만들게 하는 계기가 되기를 마음 깊이 기대한다. 이번 출판을 통해 감사하고 싶은 분들이 있다. 드라마 연구회의 활동에 관심을 가져준 지인들과 각별한 기대와 지원을 아끼지 않은 명예회원 이상란 님, 남지우 님, 취미처럼 시작한 이 모임에 관심을 갖고 출판을 결단해주신 뉘앙스 출판사의 김동연 대표님, 분량도 톤도 성격도 다른 글들에 매번 사랑이 듬뿍 담긴 조언을 건네고 매끄럽게 다듬어주신 김민채 편집자님께도 감사하다. 또한 드라마 연구회에 입회 신청서를 보내주셨던 분들도 기억한다. 이 기회를 빌려 마침내 연구회의 소식을 전할 수 있게 되어 큰 짐을 덜어낸 것 같다. 우리의 활동을 오래 기다려주셔서 역시 감사하다.

최근 몇 년간 사랑에 대해 계속 생각해왔다. 사랑이야말로 인간이 무엇을 할 수 있게 하는 가장 큰 동력이 되는 감정이 아닌가 싶다. 드라마를 사랑하는 마음으로 모인 이들이 만든 이 책을 모쪼록 많은 독자들이 사랑하는 마음으로 읽어주시길 바란다.

도약
드라마 연구회 회칙
드라마 연구회를 창설하며

임영란

드라마 연구회 회칙

제1조 (명칭)
본 회를 '드라마 연구회'라 칭한다.

제2조 (목적)
본 회는 드라마 연구를 통해 회원 간 상호 교류하며 드라마 연구 심화를 목표로 한다.

제3조 (자격)
본 회의 회원은 드라마를 애정하는 동시에 비판적 시각을 가진다. 특정 작가나 장르를 편애하는 것은 허용하며 서로의 취향과 시각을 존중한다.

제4조 (구성 및 역할)
1. 본 회는 회장, 상임고문, 연구원, 인턴 연구원, 일반회원으로 구성한다.
2. 회장은 명예직으로 본 회를 운영하고 전반적인 관리를 담당한다.
3. 회장은 구성원을 제안, 임명 혹은 초대할 수 있으나 기본적으로 회원 스스로 본인이 원하는 직함을 선택하거나 변경, 탈퇴할 수 있다.

4. 상임고문은 드라마 전반의 풍부한 지식을 가진 자로 연구회의 자율성을 수호하고 운영 전반에 대한 자문의 역을 담당한다.

5. 연구원은 자율적인 연구 활동을 통해 자신만의 연구 결과를 발표하고 동료 연구원의 연구에 도움을 주며 교류한다.

6. 인턴 연구원은 당장 연구 목표는 없으나 연구 의지와 능력이 있는 자로 시청 소감을 나누며 미래의 연구 주제를 설정하는 것을 목표로 한다.

7. 일반회원은 본 회의 취지와 활동을 응원하며 소식을 받고 행사에 참여한다.

제5조 〔회원의 입회〕

1. 신규 회원의 입회는 기존 회원의 추천 혹은 공식 신청서를 통해 이루어진다.

2. 연구원 자격으로 입회를 원할 경우 선행 연구 혹은 앞으로의 연구 주제를 밝힌다.

제6조 〔자금〕

1. 본 회를 운영하기 위한 회원 가입비, 월례회비 등의 비용은 받지 않는다.

2. 특별한 경우(후원 등)가 있을 시 연구비를 지급하고 다

양한 형태의 발표 행사를 개최한다.

제7조 〔효력〕

1. 회칙의 효력은 드라마 연구에 대한 열정과 애정으로 발생한다.
2. 본 회의 회칙은 어떠한 법적 구속력도 없으며 오로지 회원의 자율성으로 이루어진다.
3. 본 회는 1인이 남더라도 지속한다.

드라마 연구회를 창설하며

 안녕하세요, 임영란입니다. 저는 늘 드라마와 함께 살아왔습니다. 어린 시절, 텔레비전은 '바보상자'라 불렸고, 그중에서도 드라마는 가장 쉽게 바보가 될 수 있는 프로그램으로 여겨졌습니다. 저 또한 이러다 진짜 바보가 되는 건 아닌지 걱정하며 드라마를 보기도 했습니다. 하지만 중년이 된 지금, 저는 다행히 바보가 되지 않았고, 특별히 똑똑하진 않더라도 삶의 지혜와 여유를 드라마를 통해 배웠습니다. 그리고 무엇보다 명석하고 빛나는 연구원들을 만나게 되었습니다.

 오랫동안 보아온 배우가 함께 나이 들어가며, 때로는 친할머니처럼 안쓰럽기도 하고, 아역부터 보아온 동년배 배우의 등장만으로도 가슴이 벅차오르기도 했습니다. 그러나 드라마를 본다는 것은 때때로 외로운 일이었습니다. 허구라는 이유로 절절한 감정을 나눌 친구가 많지 않았습니다. 보고 있어도 보고 싶은 드라마의 시간! 보고 있으면서 몇 분이 남았는지 살폈고, 그 금 같은 시간을 아끼고 또 아끼고 싶었습니다. 속절없이 흘러가는 그 시간을 함께 붙잡고 나눌 누군가를 만나고 싶었습니다. 그렇게 용기를 내어 '드라마 연구회'를 만들게 되었습니다.

 드라마 연구회는 우연이자 필연이었습니다. 우리는 단

순한 시청자로 남기를 거부했고, 분석하고 토론하며, 작품을 해체하고 재조립하는 과정에서 감상자를 넘어 연구자가 되어가고 있음을 깨달았습니다. 이 깨달음이 바로 연구회의 시작이었습니다.

드라마는 단순한 오락이 아닙니다. 드라마는 한 시대의 문화와 정신을 담고, 인간의 욕망과 갈등을 투영합니다. 우리는 이를 보다 깊이 이해하고자 했습니다. '왜 우리는 이 장면에서 감동하는가?' '이야기와 장면은 우리의 감정을 어떻게 조작하는가?'와 같은 질문들이 연구의 길로 우리를 이끌었습니다.

연구회의 문을 열며, 우리는 단순한 비평의 차원을 넘어 드라마를 새로운 시각에서 탐구하는 공간을 만들고자 했습니다. 감탄을 넘어 분석으로, 좋아함을 넘어 이해로 나아가는 길. 이 길이 결코 쉽지 않음을 알면서도, 우리는 한 편의 드라마를 여러 번 돌려보며, 대본을 뜯어 읽고, 연출의 숨은 의도를 찾아내는 즐거움을 포기할 수 없었습니다.

물론 연구가 늘 순탄하지는 않았습니다. 때로는 의견 차이로 논쟁이 벌어지기도 했고, 바쁜 일상에서 연구를 지속하는 것이 부담스러울 때도 있었습니다. 그러나 우리가 계속하여 토론을 이어갈 수 있었던 이유는 단순한 연구를 넘어선 드라마 본연의 '함께하는 즐거움' 때문이었습니다. 드라마를 이야기하며 공감하고, 서로의 생각을 확장해가는 과정은 그 자체로 하나의 드라마 같았습니다.

이제 우리는 또 다른 출발점에 서 있습니다. 연구회의 성과를 바탕으로 각자의 연구 결과를 글로 새겨 넣는 상황에 있습니다. 드라마 작가님들의 피 말리는 마음을 조금이나마 알 듯도 합니다. 드라마는 끊임없이 변화하며, 그 속에서 우리는 더 깊이 탐구할 거리를 찾아낼 것입니다. 앞으로도 이 연구회가 단순한 모임을 넘어, 드라마를 사랑하는 이들이 모여 더 넓은 세계를 바라볼 수 있는 장이 되기를 바랍니다.

드라마 연구회의 시작을 함께한 모든 분께 감사드립니다.

드라마 연구회 회장
임영란

1부 시선

영상 매체의 양방향성과 외연 탈피 가능성 연구: 임성한 드라마를 중심으로

임영주

독창적 전략으로 매체를 확장해온 '임성한의 세계'를 들여다보는 깊은 시선視線. 작품의 진화, 세계가 보이는 특질, 수난과 대응, 작가주의적 서사, 엔딩 기법 등을 너르게 살핀다.

임영주(임영란)

미술 작가. 한국 사회에서 미신, 신화, 비합리성이 형성되고 수용되는 과정을 현대 과학기술의 발전과 겹쳐 바라보며, 이를 책, 비디오, 퍼포먼스 등 다양한 경로로 제시한다. 기술서 『인간과 나』와 『괴석력』 등을 썼다. 인터넷 게시판 속 익명의 사람들과 함께 드라마를 시청하다가, 2023년, 드라마 속에서만 살고 있는 임영란 회장을 소환하여 오랜 염원이었던 '드라마 연구회'를 만들고 회원들을 초대하였다. 드라마 연구회의 연구원으로서는, 기록되지 않은 한국 최초의 TV 드라마 〈천국의 문〉을 다음 과제로 삼아 고민 중이다.

요약

임성한[1]의 드라마는 파격적인 설정과 스토리 전개로 인해 막장 드라마[2]로 분류되고, 때로는 거센 비판을 받기

1. 임성한 작가의 본명은 임영란이다. 작가로서의 첫발을 내딛으며 남자 형제의 이름인 임성한을 필명으로 삼았다. 가족의 이름을 자신의 서명으로 삼았다는 점에서, 그의 창작은 처음부터 가족 서사라는 드라마와 긴밀하게 연결되어 있는 것처럼 보인다. 임성한이라는 이름은 실제 존재하는 타인의 이름이면서, 동시에 작가 자신이 빚어낸 서사의 정체성이기도 하다.
   그는 이후 임향란, 피비(Phoebe) 등의 필명을 추가로 사용했는데, 이러한 필명은 단순한 가명이 아니라, 매번 새로운 서사 구조와 세계관의 선언이었다. '임향란'은 본명과의 유사성을 통해 자전적 서사와 감정의 심화된 연계를 상징한다면, '피비'는 고대 신화의 이름을 빌려와 초월적 서사, 즉 죽음·윤회·환생·AI와 같은 비일상적 차원을 도입한 신화 창조자의 자아를 드러내는 것으로 보인다. 필명의 변화는 곧 작가의 내적 진화이자 외적 전략이다.
   그럼에도 불구하고 그는 여전히 새로운 작품을 홍보하는 데 '임성한'이라는 이름을 가장 앞세운다. 이는 단지 인지도 때문만이 아니라, 대중과의 접점을 유지하면서도 '서사의 원류'로 회귀하는 정체성을 유지하려는 창작의 균형 감각으로 볼 수 있다. 즉, 임성한은 이름으로 돌아오되, 그 이름 아래 다층적 정체성과 서사적 실험들을 함께 배열하고 있는 것이다.
   따라서 본고에서는 이러한 필명 간의 분화를 인정하면서도, 그 모든 세계를 묶는 공통된 창작자의 기호로서 '임성한의 세계'라는 명칭을 사용하고자 한다. 이는 한 작가의 서명 너머에서 서사, 존재, 신화, 구조, 전략이 교차하는 복합적 정체성을 지칭하는 표현이기도 하다.

2. '막장 드라마'란 원래 광산에서 더 이상 파낼 것이 없는 마지막 지점, 즉 '막장'에서 유래한 용어로, 일반적으로는 극단적인 설정(출생의 비밀, 복수, 외도, 근친 등)을 반복하여 과잉된 감정을 유도하는 드라마를 지칭한다. 한국 대중문화비평 담론에서는 2000년대 중반 이후 주로 임성한, 김순옥 등의 작가 작품을 중심으로 이 용어가 통용되었으며, 비판의 맥락에서 '도덕적 파탄'이나 '작위적 전개'를 지적하는 용도로 쓰이기도 했으나, 한편으론 '장르적 쾌감'과 '내러티브의 구

도 한다. 그럼에도 불구하고 작가는 등단 이후부터 꾸준히 높은 시청률을 기반으로 임성한, 임향란, 피비 등으로 필명을 바꾸면서 꾸준히 활동을 이어오고 있다. 그 결과 나는 어린 시절부터 성인이 된 지금까지도 꾸준히 그의 세계관에 노출되어 영향을 받아왔다.[3] 어린이였던 때에는 텔레비전 채널의 선택권이 없었기에 노출되었지만, 현재는 나의 의지로 본 방송 일정을 맞추어 시청하기 때문에, 주위로부터 심심찮게 임성한 드라마를 시청하는 이유에 대한 질문을 받곤 했다. 본 연구는 그 질문에 대한 답을 하기 위해 그동안 가지고 있던 막연한 느낌에서 구체적 이유를 찾는 과정으로서 시작되었다. 그러므로 이 글은 일반적으로 폭넓은 시청자를 대상으로 드라마를 분석하는 연구가 아닌 수용자인 필자 스스로에 대한 성찰적 연구로서 '나는 왜 그의 드라마를 보고 있는가'에 대한 개인의 가설, 짐작, 망상이 포함되어 있다. 그리하여 다른 드라마 작가와는 차별화되는 그가 만들고자 하는 세계

> 조 실험'을 적극적으로 수행한 방식으로 재평가되기도 한다. 따라서 본 글에서는 이 용어를 단순한 질적 비난이 아닌, '극단화된 구조를 통해 감정과 세계를 구성하는 서사적 전략'의 한 방식으로 해석하고자 한다.
>
> 3   필자가 초등학교 시절 TV는 거실 1대, 식탁 앞 1대, 안방 1대 총 세 대가 있어 수면, 학습, 놀이 외 시간에는 TV를 계속 켜두고 시청하는 환경이었다. 1992년 한국갤럽의 실태 조사에 따르면 전체 가구의 TV 보유율은 99.2퍼센트이며 보유 가구 중 29.3퍼센트가 두 대 이상의 TV를 가지고 있었다.

에 대해 알아보고, 그 과정에서 필연적으로 겪게 된 위기의 순간과 그것을 타개하기 위해 그가 선택한 창조적이고 적극적인 방법을 살펴보고자 한다. 또한 드라마 수용자이자 미술영상 작가로서 필자의 자기 성찰적인 입장을 기반으로 하며, 임성한 드라마가 단방향적이고 유한한 특성이 있는 방송 매체 내에서 어떻게 탈경계 서사를 실험하고 있는지를 중점적으로 고찰한다. 분석 결과, 임성한의 드라마는 반복과 세뇌, 귀신과 돌연사, AI와 무한 루프 결말 등 독창적 전략을 통해 매체를 확장 가능하게 만들며, 이는 미술영상 매체의 새로운 가능성을 살펴볼 수 있을 것이라 보았다. 본 글은 드라마라는 장르를 '닫힌 이야기'가 아닌, '열린 세계 구축의 실천 장르'로 재정의하며, 향후 매체 간 연구로의 확장을 제안하려 한다.

□ 1부 차례 □

들어가며 — 030

1. 발단: 세뇌술 — 033
1-1. 집필 태도 분석
1-2. 대표작 증명사진
1-3. 임성한 드라마의 25년

2. 전개: 세계 건설 — 045
2-1. 미신
2-2. 전통
2-3. 불멸의 여주
2-4. 공포

3. 위기: 수난의 때 — 060
3-1. 입장문: 작가의 목소리
3-2. 세계를 빼앗기다: 권력의 붕괴

4. 절정: 권능 — 066
4-1. 말말말: 대사와 말싸움의 미학
4-2. 종영 이후의 목소리
4-3. 돌연사와 빙의

5. 결말: 매체 확장 가능성 — 076
5-1. 입체 엔딩
5-2. '드라마의 돌연사' 엔딩
5-3. UFO 엔딩
5-4. 시간의 뒤틀림, 무한 루프 엔딩

마치며 — 088

부록   임성한과 봉준호 서사 전략 비교 — 091

들어가며

드라마 제작 환경이 바뀌고 많은 드라마가 기획·제작 단계에서 무산되지만, 파격적 설정으로 시선을 끌고 영화적 미장센과 탄탄한 극의 전개로 높은 완성도로 만들어진 좋은 드라마는 많이 있다. 나 역시 여전히 드라마를 보며 울고 웃는다. 그럼에도 불구하고 2023년 늦여름 임성한의 최근작 〈아씨 두리안〉 최종화를 시청한 후 헛헛한 마음을 다른 드라마로 채우지 못하고 있다.

임성한의 드라마는 전형적인 '좋은 드라마'의 조건—개연성, 영상미, 신선한 소재—에서 특별히 우월하다고 말하기 어려움에도 불구하고, 반복적으로 시청자의 시선을 사로잡는다. 그렇다면 필자를 포함한 일부 시청자는 왜 여전히 그의 작품에 몰입하고 있는가? 이 질문은 단순한 취향의 문제가 아니라, 드라마라는 매체가 가진 구조적 가능성과 감응 방식의 문제로 이어진다. 일반적이지 않지만 임성한만이 사용하는 것으로 보이는 '드라마 기술'[4]을 살펴보고자 한다.

본 연구는 필자 자신을 주요 수용자로 설정하고, 임성

---

[4] '드라마 집필 기술'이라고 쓰지 않은 이유는 단지 극의 구성을 위한 대본 집필뿐만 아니라 매체 안팎에서 드라마를 만들기 위해 사용하는 것으로 여겨지는 그의 기술을 총체적으로 살펴보기 위해서다. 물론 이것은 수용자의 의견이며, 원작자의 의도와 다를 수 있다.

한 드라마를 반복 시청하며 형성된 기억, 메모, 감정 반응을 토대로, 그의 작품이 제시하는 서사 전략과 매체 실험성을 추적한다. 분석의 형식은 고전적 서사 구조인 '발단-전개-위기-절정-결말'에 따라 구성되며, 이는 임성한이 구축해온 세계가 하나의 장대한 드라마이자 자가 증식하는 세계관이라는 전제를 기반으로 한다.

따라서 이 글은 일반적 드라마 분석이 아닌, 자기 성찰로서의 비평이자 시청자의 체화된 감각에 기반한 실천적 탐색이다. 동시에 이는 임성한이라는 독보적인 사례를 통해, 드라마라는 영상 매체가 가지는 구조적 상상력의 최대치를 실험해보는 하나의 시도이기도 하다.

연구 목적과 방법

본 연구는 임성한 드라마의 서사 및 시청자 반응 양상을 분석하여, 첫째, 그의 작품이 영상 매체의 양방향성[5]을 어떻게 실현하고 있는지, 둘째, 그가 구축한 고유의 세계관이 어떻게 매체의 외연 확장성[6]과 연결되는지를 살펴

5　영상 매체의 '양방향성'은 수용자와 콘텐츠 간의 상호작용 가능성을 의미한다. 이는 단순히 클릭·선택·분기 등의 기술적 작동을 넘어서, 감정적 반응과 내러티브 해석의 개입까지 포함한다.

6　'외연 확장성'이란 하나의 콘텐츠나 서사가 원래 매체를 넘어 다양한 방식으로 확장·재구성되는 현상을 의미한다. 이 개념은 프랜차이즈

보는 데 목적이 있다.

이를 위해 다음과 같은 방법론을 사용하였다.

① 연구자는 자기 자신을 주 수용자로 설정하고, 임성한의 주요 작품을 유튜브 등의 요약본을 통해 재시청하였다.
② 시청 중 주요 장면을 선별하여 반복 시청함으로써 장면 연출 및 서사 구조를 분석하였다.
③ 과거 시청 당시 남겨둔 메모 및 감상문, 게시판 기록 등을 참고하여 시청자의 감정선과 반응을 교차 분석하였다.
④ 글을 쓰는 자신을 필자, 나, 수용자, 시청자로 지칭하며, 드라마 작가 임성한을 임성한, 그, 작가로 지칭한다.

형 콘텐츠나 트랜스미디어 서사에서 주로 사용되지만, 최근에는 수용자 기억, 2차적 해석, 반복 소비를 통해 비물질적·정서적 방식으로도 확장되는 구조까지 포함해 논의된다.
이는 임성한의 드라마처럼 종영 후에도 팬 클럽, 명대사 재유통, OST 재생, 설정 재해석 등을 통해 세계관이 계속 작동하는 경우에도 적용된다. 이 글에서는 이러한 확장성을 단순한 매체 이행이 아닌, 정서적·상징적 층위에서의 외연 확대로 정의한다.

1. 발단: 세뇌술

임성한이 구축한 드라마 세계관의 진입부에서 가장 먼저 작동하는 기술은 이른바 세뇌술洗腦術이라 할 수 있다. 이는 특정한 세계관에 시청자를 몰입시키기 위해 사용하는 일련의 전략이자, 이후 전개될 모든 파격적 서사가 '통하는 것처럼 보이게' 하는 핵심 장치다. 필자가 임성한 드라마에 대해 주변으로부터 질문을 받았을 때, 명확하게 설명하지 못하고 막연한 느낌으로 응대해왔던 이유도 '세뇌'에 가까운 몰입 효과에서 비롯된다.

씻을 '세' 뇌 '뇌', 뇌를 씻긴다는 의미의 이 단어는 그 뜻만큼이나 강력한 효과를 발휘하기에 이미 그것이 통해버린 수용자는 객관적으로 사고하고 현상을 분석하는 것이 어렵다. 그렇지만 최대한 정신을 차리고 그의 세계를 가까이 또 멀리 바라보며 본 연구를 진행하도록 노력하겠다. 세뇌라는 단어가 지닌 강한 어감처럼, 임성한의 서사는 시청자의 비판적 사고를 마비시키고 어느 순간 그 안에서 모든 논리를 자연스럽게 받아들이도록 유도한다. 이를 위해 그는 근면 성실함과 대범함, 상반된 두 태도를 동시에 구사하며, 방대한 양의 노출과 강렬한 이미지를 결합하여 시청자의 뇌리에 자신의 세계를 강하게 각인시킨다.

아래에서는 세뇌술의 구체적인 양상을 두 가지 사례로

나누어 분석한다.

1-1. 집필 태도 분석

아래의 표는 임성한 작가의 집필 태도 분석을 위해 단막극을 제외한 그의 드라마를 연표로 제작한 것이다. 여기서 단막극을 제외한 이유는 표본 수용자인 필자가 당시 단막극을 시청한 경험이 없기 때문이기도 하고, 꾸준한 집필 태도를 분석할 만한 유의미한 수치가 없다고 판단했기 때문이다.

(1) 필명 임성한으로 활동

수용자 나이	방송 일자	드라마 타이틀	방송국	최고 시청률	방송 회차 (예정된 회차)
16	1998.03.02~1999.04.02	보고 또 보고	일일(MBC)	57.3%[7]	273
18	2000.10.16~2001.04.20	온달 왕자들	일일(MBC)	38.8%	130
20	2002.06.24~2003.06.27	인어 아가씨	일일(MBC)	47.9%	247
22	2004.06.07~2005.02.11	왕꽃 선녀님	일일(MBC)	22.5%	174(100)[8]

---

[7] 『경향신문』 1998년 6월 26일자 기사 '〈뉴스데스크〉 3년 만의 역전'에 따르면, MBC 〈뉴스데스크〉가 일일극의 시청률 강세에 힘입어 3년 3개월 만에 KBS 〈9시 뉴스〉를 앞질렀다. 이는 〈뉴스데스크〉 직전에 방송되는 MBC 일일극 〈보고 또 보고〉의 강세에 힘입은 것으로 풀이됐다. 당시 〈보고 또 보고〉의 시청률은 45.1%, KBS 〈살다보면〉은 15.9%로 세 배 가까운 시청률 격차를 보였다.

[8] 101회까지 임성한 작가가 집필했고 이후 작가가 교체되었다.

23	2005.09.10~2006.07.02	하늘이시여	주말(SBS)	44.9%	85(50)
25	2007.07.16~2008.05.09	아현동 마님	일일(MBC)	24.2%	204
27	2009.09.05~2010.02.21	보석비빔밥	주말(MBC)	25.1%	50
29	2011.01.23~2011.07.17	신기생뎐	주말(SBS)	28.3%	52(50)
31	2013.05.20~2013.12.20	오로라 공주	일일(MBC)	20.2%	150(120)
32	2014.10.06~2015.05.15	압구정 백야	일일(MBC)	16.3%	149(120)

(2) 절필 선언(공백기)

(3) 필명 피비로 활동

39	2021.01.23~2021.03.14	결혼작사 이혼작곡 1	주말 미니(TV CHOSUN)	9.7%	16
39	2021.06.12~2021.08.08	결혼작사 이혼작곡 2	주말 미니(TV CHOSUN)	16.6%	16
40	2022.02.26~2022.05.01	결혼작사 이혼작곡 3	주말 미니(TV CHOSUN)	10.4%	16
41	2023.06.24~2023.08.13	아씨 두리안	주말 미니(TV CHOSUN)	8.1%	16

최고 시청률 출처: 미디어 서비스 코리아(닐슨 코리아)

　수용자의 나이가 16세였던 1998년 봄부터 최근까지 임성한은 개인적으로 신변에 문제가 생겼을 때나 굳게 절필을 선언했던 시기를 제외하면 쉬지 않고 집필 활동을 이어왔다. 임성한 작가는 〈보고 또 보고〉를 시작으로 〈아씨 두리안〉에 이르기까지, 단막극을 제외하고 장편 드라마 총 14편을 집필하였다. 특히 〈하늘이시여〉, 〈신기생뎐〉, 〈압구정 백야〉 등은 전작과의 간격이 1년 미만으로 거의 공백기 없이 이어졌으며, 〈결혼작사 이혼작곡〉 시리즈를 통해 '피비'라는 새로운 필명으로 재등장한 바 있다.

한 작품에서 다음 작품 사이의 준비 기간이 평균적으로 1년이 채 되지 않으니, 작가는 지속해서 기획·집필·방영의 루프 속에 머물러 있었음을 뜻한다. 그의 상태는 늘 방영 중이거나 기획·집필 중이거나 둘 중 하나였다.

그 결과 임성한은 어떤 드라마 작가보다 공백 없이 오랜 시간 자신의 세계를 보여줄 수 있었고, 방송이라는 공적 플랫폼을 통해 압도적인 반복 노출을 가능하게 하였다. '홈드라마'라고 일컬어지는 매체의 속성상 세대를 가리지 않고 대중의 뇌에 각인될 수 있었다.

물론 그것이 가능했던 것은 시청률이 보장된다고 여겨지는 이른바 스타 작가이기에 방송국으로부터 요청이 많았기 때문일 테다. 그러나 기본적으로 그가 타고나기를 성실할 뿐만 아니라 그 내면에 세계를 만들어갈 재료가 넘치기 때문이라고 판단된다. 그 예로 〈하늘이시여〉 방영 중 표절 시비가 일자, 시청자 게시판에 입장 표명[9]을 하

> 9 '표절 의혹에 대한 작가 입장' 중 일부 발췌(출처: SBS 게시판, 등록일: 2006년 1월 19일 13:55:52)
> 인어 아가씨 때, 그때 표절 의혹에 대한 입장 밝히며 난 설사, 누가 백억을 준대도 절대 표절은 안 한다고 했습니다. 이 생각은 죽는 순간까지 바뀔 수 없는 거고- 나는 오히려 쓰고픈 소재가 너무 넘쳐- 그걸 언제 다 작품으로 풀어내고 작가 생활 끝내나... 숨이 찰 때 있습니다. 첨에 또 표절 의혹 듣고, 너무 말도 안 되는 얘기라 그냥 웃고 넘기려고 했는데 뉴스엔의 문미영 기자님이 쓴 글 읽어보니까, 작가로

며 오히려 쓰고 싶은 이야기가 너무 많아 다 쓰지 못하고 죽을까봐 걱정이라고 밝힌 바 있다. 이처럼 내면의 세계가 넘쳐흐르는 작가는, 꾸준하고 집요하게 시청자의 인지 지형을 변화시키는 서사를 구축해왔다.

세뇌는 반복을 통해 이루어진다. 필자는 어느 순간 〈인어 아가씨〉 속 장면에서 사용된 소도구인 참빗을 구매하거나, 드라마 속 대사대로 딸기를 칫솔로 씻는 자신을 발견하게 되었다. 이는 무의식적인 수용의 흔적으로, 작가가 구축한 세계가 일상으로 스며든 결과라 할 수 있다.

1-2. 대표작 증명사진

세뇌술의 두 번째는 이미지 혹은 언어를 관습적인 방식이 아닌 과감한 방식으로 사용하여 수용자의 생각을 멈추게 하는 대범함이다. 그 사례로 그의 작품 세계를 가장 압축적으로 보여준다고 필자가 생각하는 대표작인 증명사진[10]이 있다. 임성한 작가는 대외적으로 드라마 작가

> 서 입장 표명이 있어야겠구나 싶어서... 단 한 줄도 거짓 없이 사실을 썼습니다. 〈끝〉

10 임성한 작가에게는 언제부터인지 모르지만 오래전부터 인터넷에 떠도는 증명사진이 한 장 있다. 아마도 작가가 프로필 제출용으로 사용한 것이 구전 설화처럼 인터넷 밈으로 떠돌아다니는 듯하다. 비슷한 느낌의 사진으로는 그의 결혼 소식을 보도한 사진이 있는데 이 역시 정면을 응시하는 프로필 사진과 비슷한 구도다.

로 활동하지만 실은 매체의 구분 없이[11] 본인의 세계를 구축하기 위해 드라마, 잡지, 책, 인터뷰 등을 모두 활용하고 있다. 그 다양한 방식의 작업 중에서도 표정 없이 정면을 응시하는 증명사진을 가장 독특하게 사용하고 있다. 보통 증명사진은 남들과 구별하여 본인의 신원을 입증하기 위해 사용하는 것으로 매우 공적인 용도이면서도 사적인 범위에서 사용된다. 일반적으로 얼굴이 지나치게 적나라한 느낌이 들기 때문에 공적인 상황에서 신분 확인을 위해 제출하지만 사적으로 대중에게 보여주지는 않는다는 말이다. (본인의 정면 얼굴 사진을 대놓고 보여주기를 꺼리는 이유가 관상[12]에 집착하는 한국 문화 때문일지도 모른다.)

> 증명사진이란 본래 행정 절차상 신원 확인을 위한 가장 중립적이고 객관화된 인물 이미지 양식을 뜻하지만, 임성한 작가의 경우에는 오히려 증명사진이 그의 모든 대중적인 시각적 정체성을 대체하는 유일 이미지로 기능해왔다. 이 사진은 흔히 방송사 보도자료, 인물 정보란, 커뮤니티 게시글 등에서 반복적으로 사용되며, 작가 본인의 영상 출연, 인터뷰, 수상 장면 등 실존적 증거가 거의 없는 상황에서 일종의 '고정된 초상'처럼 유통되고 있다. 따라서 이 증명사진은 단순한 신원 확인을 넘어서, 대중이 상상하고 투사하는 작가의 인격, 스타일, 성향 등을 '상징화'하는 도상적 기능을 수행한다. 이는 곧 임성한이라는 존재가 이미지 부재를 통해 더욱 강력한 '드라마적 실체'로 재탄생하게 되는 아이러니한 조건을 만든다.

11 절필 선언 후 예능작가로 버라이어티 프로그램을 기획했으나 무산된 바 있으며, 책을 집필하기도 했다.

12 한국 사회에서 관상(觀相)은 전통적인 운명론을 넘어 일종의 사회적 오락이자 일상적 소통 방식으로 작동하고 있다. 전 국민이 기본적인 '관상가적 소양'을 갖추었다고 할 정도로, 사회적 이슈가 발생할 때마다 인터넷에는 당사자의 얼굴 사진이 빠르게 공유되고, 해당 인물의

그럼에도 불구하고 드라마가 화제가 될 때마다 기자들은 그의 증명사진을 대문짝만하게 올리고 드라마 내용에 대한 기사를 싣는다. 그러면 댓글로는 드라마 내용뿐 아니라 그의 눈빛, 표정에 이어 관상에 대한 논의가 등장한다. 한편으로는 신비주의를 표방하는 듯 여겨지는 작가가 이를 불편하게 여기지 않을까? 작가의 의도가 애초에 무엇이었는지는 모르겠지만 그것이 불편하다면 사용 금지를 요청하거나 보다 그럴듯한 프로필 사진을 새로 제출할 수도 있었을 것이다. 하지만 그는 암묵적으로 이 증명사진을 계속해서 사용하도록 두는 것처럼 보인다. 신작 제작 소식 때마다 먼저 증명사진이 다시 한번 소환되니, 이는 마치 세뇌를 위한 전의專意 의식처럼 느껴진다.

그렇다면 대중의 생각을 멈추게 해서 의도하는 바가 무엇일까? 세뇌와 유사한 '최면'이 떠오른다. 최면은 특정 이미지나 소리를 들려주고 생각을 멈추게 만든 후 다른 세계로의 진입을 유도하는 기술이다. 그렇게 보면 임성한은 이 증명사진을 그에 대한 단서를 최소화하는 방패처럼 사용하면서도 동시에 그의 세계로 진입하기 위한 문처럼 사용하고 있는 것이 아닐까?

> 관상에 대한 주관적 평가와 해석이 줄을 잇는다. 하지만 이러한 관상 평가는 대부분 직관과 감각에 의존하며, 객관적 근거가 부족한 채 이루어지기 때문에, 때로는 차별이나 낙인의 근거로 악용되기도 한다.

이 사진의 특이점은 임성한 월드의 단호함과 자신감을 드러냄과 동시에 증명사진에 반응하는 드라마 밖의 세계를 거울처럼 비추고 있다는 것이다. 두 개의 세계를 오가는 것은 앞으로 기술할 임성한 작품의 가장 주요한 특징인 열린 서사체와도 연결된다. 정면을 응시하며 작품 밖의 세계에 관심을 두는 것. 아니 작품 밖의 세계를 본인의 작업 세계로 끌어온다는 것은 그가 대본 밖에서 적극적으로 시청자의 반응을 유도하는 무수한 시도를 통해 알 수 있다. 고로 그의 증명사진은 방패이자 문이다.

대외적으로 그는 은둔하거나 본인을 드러내기 꺼리는 듯 보이지만, 어떤 작가보다 본인의 얼굴을 대중에게 각인시키며 존재를 드러내고 있다. 이러한 뜻밖의 존재감은 그의 드라마 세계를 화면 밖으로 확장하여 작동하게 만드는 동시에, 아이러니하게도 한정된 이미지만을 제공하여 그의 개인사는 더욱더 알 수 없는 세계로 숨기는 기능을 한다. 마치 신이 인간세계에 관여하여 인간은 신의 존재를 느끼지만 신이 도대체 누구인지에 대해서는 알 수 없는 것처럼 말이다.

1-3. 임성한 드라마의 25년

시간은 무엇을 바꾸었는가

앞으로 이 글은 임성한 드라마의 구조와 전략을 분석할 예정이다. 그에 앞서 그의 긴 드라마 인생을 통시적^{通時的}으로 살펴보고자 한다. 임성한은 1998년부터 2023년까지, 무려 25년에 걸쳐 방송 드라마라는 동일한 장르 안에서 꾸준히 활동해온 작가로, 이 시기는 한국 사회와 대중문화가 급속히 변화한 시간대와 정확히 겹친다. 그러므로 그의 작품은 단순히 '일관된 세계관의 반복'이 아니라, 시대의 가치관과 수용자의 감수성 변화에 맞춰 서사의 구성과 표현 양식, 장르의 태도까지 점진적으로 진화해온 사례라 할 수 있다. 다음으로는 임성한 드라마를 세 시기로 나누어 시대별 특징을 조망하고, 그에 대한 대중의 수용 방식 또한 변화해왔음을 사례 비교 분석을 중심으로 고찰하고자 한다.

(1) 작품의 진화

구분	시기	주요 작품	특성 요약
1기	1998~2005	〈보고 또 보고〉, 〈인어 아가씨〉, 〈하늘이시여〉	통속 멜로, 출생의 비밀[13], 악역 여성, 가부장제 내부 성취 구조[14]

13 '출생의 비밀'은 한국 드라마에서 반복적으로 활용되는 대표적 서사 장치로, 인물의 실제 혈연관계나 가족 정체성이 극의 중·후반부에 뒤집히는 설정을 말한다. 통상 반전과 충격을 위한 수단으로 사용되지만, 임성한의 드라마에서는 이 구조가 보다 철학적이며 순환하는 세계관 안에서 작동한다. 예컨대 〈인어 아가씨〉, 〈하늘이시여〉, 〈아씨

| 2기 | 2006~2015 | 〈신기생뎐〉,〈오로라 공주〉,〈압구정 백야〉 | 무속과 환생, 여성 중심 세계관, 남성 인물의 급작스러운 퇴장 |
| 3기 | 2021~2023 | 〈결혼작사 이혼작곡〉, 〈아씨 두리안〉 | AI, 타임 루프, 초현실적 설정, 장르 혼성, 드라마 종결성[15] 해체 |

    작품 구조는 점차 폐쇄형 서사에서 루프 구조로, 인간 중심 이야기에서 초월적인 서사로 이동했다. 특히 〈결혼작사 이혼작곡〉의 AI 설정이나 〈아씨 두리안〉의 시간 루프는 단지 장르상 실험이 아니라, 매체의 시간성과 세계관 설계의 전환을 보여준다.

> 두리안〉 등에서는 자신의 출생 배경이 단지 비밀이 아니라 윤회와 업보, 무속의 계보와 연결되며, 이는 단순한 '혈연의 전복'이 아닌, 인물 존재의 본질과 삶의 의미를 되묻는 정체성 서사의 중심축으로 기능한다.

14 본 글에서 언급하는 '가부장제 내부 성취 구조'란 기존의 가족제도·혈연 계보·성역할 분담을 기반으로 하는 가부장 질서 안에서 여성 인물이 자신의 권력, 정체성, 감정의 주도권을 확보하는 서사 구조를 의미한다. 이는 전통 가부장제의 전면 해체나 외부 저항이 아닌, 제도 내부에서의 서열 이동, 감정적 재배치, 그리고 심리적 우위의 획득을 통해 완성되는 성취 방식으로, 임성한의 드라마에서는 이 구조가 반복되어 활용된다. 여성 인물들은 가부장제의 논리를 그대로 따르되, 그 질서를 장악하는 방식으로 성취를 이룬다. 따라서 이 구조는 단순한 순응이나 저항이 아니라 '내부 침투에 의한 서사의 전복'이라는 복합적 전략으로 해석할 수 있다.

15 終結性. 드라마 연구 중 필자가 고안한 표현으로, 결국 이야기를 끝맺는(종결하는) 순간이 존재하는 드라마의 특성을 나타낸다.

(2) 수용자 반응의 변화

시청률 변화 (TNMS/닐슨 코리아 기준)
〈인어 아가씨〉 최고 47.9%
〈하늘이시여〉 최고 44.9%
〈오로라 공주〉 초반 9% → 막판 23%, 최고 20.2%
〈결혼작사 이혼작곡 3〉 최고 10.4%
〈아씨 두리안〉 평균 4.5% 내외
→ 수치상 하락이지만, 화제성은 유튜브와 커뮤니티 등에서 유지되거나 강화됨

수용 방식의 변화
과거: "왜 저런 걸 보냐"는 조롱, 막장 프레임
→ 최근: "이상하게 계속 보게 된다", "드라마계의 데이비드 린치", "이건 예술이다" 등 역전된 수용 코드 등장, 클립 반복 시청, 커뮤니티 밈화

(3) 방송/TV 드라마 내 사회·문화적 배경의 변화

2000년대 초: 가부장제 기반 가족 드라마가 주류
2010년대 이후: 여성 서사, 대안 가족, 초월적 정체성, 장르 실험이 수용되기 시작

2020년대: OTT의 부상으로 비선형적/루프형 서사에 대한 익숙함 증가
→ 임성한은 방송 드라마 안에 머무르면서도, 그 안에서 미래 서사 전략을 선점하고 실험해온 작가로 재평가가 가능하다.

임성한 드라마는 반복되는 양상을 띠는 것 같으면서도, 작품 내부에서 점진적인 진화를 수행해왔다. 초창기에는 통속극의 공식을 활용해 대중과 접속했고, 중기에는 신화적 요소와 여성 서사를 중심에 배치했으며, 후기에는 매체의 경계를 넘는 장르 실험을 통해 서사의 '형태' 자체를 전복했다. 이 흐름은 단지 작가 개인의 특성이 아니라, 한국 사회의 감각 구조와 미디어 환경의 변동을 적극 반영하는 지표이기도 하다.

2. 전개: 세계 건설

이제 그가 세뇌하는 내용이 구체적으로 무엇인지 알아보자. 임성한의 드라마는 단지 시청자의 몰입을 유도하는 수준에 머물지 않고, 특정한 가치 체계와 정서, 세계관을 적극 주입하고 형성해나간다. 그의 작품 세계는 미신, 전통, 여성, 공포, 죽음, 귀신 등 다양한 요소들을 포함하며, 특히 눈으로 확인할 수 없고 비합리적인 영역을 현실 속으로 호출하는 서사 전략을 통해 작가 자신만의 '신화적 세계관'을 구축한다. 이러한 요소들은 초기작에서는 가족드라마라는 옷을 입고 잘 드러나지 않지만(혹은 암시로 드러났지만), 작품을 거듭할수록 서사의 전면에 등장하며 뚜렷한 정체성을 보였고, 최근작에서는 그 특징들이 드라마의 중심축을 이루고 있다.

여기서 주목하고 싶은 점은 그가 이러한 요소를 사용하는 독특한 방식에 있다. 전통이나 미신의 요소는 타 드라마에도 많이 사용되고, 미술 혹은 영화 영상에서도 어렵지 않게 찾아볼 수 있기에 더욱이 임성한은 전통과 미신을 어떻게 사용하는지 구별하고자 한다. 또한 지난 그의 드라마 제목(〈인어 아가씨〉, 〈아씨 두리안〉 등)에서도 유추할 수 있듯이 특히 여자 주인공이 서사의 중심인 특징과 공포를 다루는 그만의 기술을 각 드라마 사례를 통해 알아보고자 한다.

임성한은 미신이나 전통의 요소를 단순히 배경 설정이 아니라, 서사의 결정적 전환점과 감정의 정당성을 확보하는 근거로 사용한다. 또한 여자 주인공의 존재감은 점차 강화되어 드라마를 초월하는 불멸의 존재로 확장되며, 공포와 죽음은 그 서사의 핵심 기제로 작동한다. 그 네 가지 핵심 요소가 어떻게 세계관 형성의 주춧돌로 작용하는지를 살펴보자.

2-1. 미신

드라마 초반부에 나타나는 제의 장면

임성한의 드라마는 초반부에 지루하다는 평을 듣곤 한다. 그만큼 자신이 만들어낸 세계가 어떤 세계인지 비교적 자세하게 설명하려는 경향이 있기 때문이다. 그 기간을 잘 견디고 충분히 세뇌가 되면 재미를 느끼고 몰입하여 시청할 수 있지만 그때 지루함을 느끼거나 현실 세계와 비교하면서 정신을 차리게 되면 드라마를 이어서 보기가 어렵다. 즉 드라마의 도입부에 반복해 등장하는 제의祭儀 장면은 그의 새로운 세계관을 설명하는 중요한 장치다. 이는 관습적으로 줄거리의 도입을 담당하는 설정

제시 이상의 기능을 하며, 드라마라는 세계 자체가 하나의 의식임을 암시한다. 그리고 몇몇 드라마에서는 특히나 미신이나 주술과 관련돼 보이는 상황이 지나치게 길게 묘사되어 시청자의 항의를 받기도 했다.

예컨대 〈인어 아가씨〉 1화에서는 주인공의 어머니가 웨딩드레스를 입고 거울 앞에서 입장한 후 왈츠를 추는 장면이 약 1분 30초간 지속된다. 이는 극 중 장면으로 편입되지만, 실제로는 하나의 주술과 관련한 의례처럼 연출된다. 또 다른 사례로 〈왕꽃 선녀님〉 1화에서 부용화(김혜선)가 화려한 한복을 입고 신당에서 절을 올리는 장면이 대사 없이 약 3분간 묘사되며, 시청자에게 현실과 비현실의 경계를 허문다. 그 외에도 〈오로라 공주〉 4화에서는 황마마(오창석)의 병상 곁에 누나들이 무릎을 꿇고 앉아 기도하는 장면이 제의를 연상시키는 분위기를 띤다.

이처럼 일상의 상황을 미신과 관련된 장면처럼 연출하거나, 반대로 미신과 관련된 장면을 과도하게 일상화하는 방식은 임성한 드라마의 핵심 미학 전략이라 할 수 있다. 이로써 시청자는 드라마라는 세계에 진입하기 전에 이미 의식적 통과의례를 거치며 새로운 인식 질서에 노출된다.

〈왕꽃 선녀님〉에서는 굿을 하고 신점을 보는 장면이 화면에 직접 연출되며, 무속 의례가 극의 중심 요소로 작동한다. 반면 〈인어 아가씨〉와 〈오로라 공주〉에서는 특정

한 장면들이 표면상 일상적인 상황처럼 보이지만, 그 분위기와 연출 방식은 미신적 해석을 유도하도록 설계되어 있다.

실제 방송 당시 시청자 게시판에는 "정확한 이유는 알 수 없지만 장면이 이상하게 느껴진다"라는 내용의 반응들이 종종 게시되었다. 이는 임성한이 전형적인 일상을 의식화된 무속 장면처럼 연출함으로써, 일상과 의례의 경계를 흐리는 전략을 구사하고 있음을 시사한다.

특히 〈왕꽃 선녀님〉은 무속성과 신비주의를 전면에 내세운 작가의 야심작이자, 동시에 작가로서의 위기를 체감하게 한 가장 아픈 손가락으로도 보인다. 이 지점은 3장 '위기'에서 다루는 내용과 긴밀히 연결된다.

2-2. 전통

임성한의 작품에서는 한국 사회의 전통적 요소와 한국 드라마 장르의 전통 두 가지가 공존한다. 작가는 두 층위를 넘나들며, 전통이라는 개념을 익숙하면서도 낯설게, 친숙하면서도 생경하게 변주해낸다.

우선 한국의 전통적 요소는 무속, 불교, 전통 음식, 사자성어, 한복 등 다양한 문화 기호로 드라마 속에서 구체화된다. 〈왕꽃 선녀님〉에서는 무속을 드라마의 중심 서사 축으로 삼으며, 신내림, 굿, 조상신에 대한 언급 등을 실제 의례처럼 정교하게 연출한다. 반면 〈아씨 두리안〉은 조선 시대를 주 배경으로 설정함으로써 전통 복식과 상징적 의례를 시간적인 환상의 배경 안에서 낯설게 재현하는 방식을 택한다.

특히 작품에 등장하는 '정청여수精淸如水', '대수대명代壽代命' 등과 같은 사자성어는 고전성과 낯섦이 뒤섞인 언어로, 시청자의 인지 경로를 일시적으로 정지시키는 일종의 언어 쇼크로 작용한다. 이는 작가가 전통 어휘를 단순한 미장센이 아닌 감각적 압도와 인지 마비의 장치로 활용하고 있음을 보여준다.

여기서 전통의 사용은 단순히 배경 장식에 머무르지 않는다. 작가는 마치 '이것은 나 말고는 아무도 모른다'라는 식의 배타적 지식 체계를 시청자 앞에 제시함으로써, 시청자가 기존의 세계관과 단절된 새로운 질서에 순응하게 만든다. 이로써 미신적 요소와 마찬가지로, 전통 역시 세뇌술의 일환으로 기능한다.

다음의 〈아씨 두리안〉 5화 시청 후 수용자의 메모를 보면 '대수대명'이라는 단어가 수용자에게 얼마나 충격적으로 각인되었는지, 그로 인해 그것이 다음 드라마에도 깊게 각인되어 시청에 영향을 끼치는지를 확인할 수 있다.

⟨아씨 두리안⟩ 5화 시청 후 수용자 메모

  반려견 오이지(견종 치와와[16])는 ⟨아씨 두리안⟩에서 삶과 죽음을 드러낸다/연결한다. 피비 작가는 아마 이 작고 위태로워 보이는 견종을 통해 전달하고 싶은 것이 있으리라. 그는 임성한 시절 작품에서 개의 죽음으로 인간의 삶을 구원하는 장면을 연출하며 '대수대명'[17]이라는 말을 남겼다. 이제 현생 역의 나머지 인물들(며느리, 도우미 아주머니 등)의 전생 업도 밝혀질 것 같은데 누구보다 오이지의 전생이 궁금하다. 오이지의 정확한 나이가 나오지

---

16 치와와는 가장 작은 품종견으로 알려져 있다. 기원으로는 멕시코 지역의 톨텍 문명에서 기르던 테치치(Techichi)라는 품종이었을 것이라는 설이 유력하다. 톨텍인은 테치치를 저승과 인간을 이어주는 존재로 보고 제물로 바치거나 순장시켰다고 한다.

17 문자 그대로 '수명을 대신하고 명(운명)을 대신한다'는 뜻으로, 한국 무속에서 흔히 재액(災厄)이나 질병을 타인이나 동물 등 다른 존재에게 전이시킴으로써 당사자를 구하는 주술적 행위를 가리킨다. 임성한 작가는 ⟨오로라 공주⟩에서 이 개념을 직접적으로 활용하여, 남자 주인공 설설희(서하준)가 암에 걸리자 그의 반려견인 '떡대'(견종: 알래스칸 맬러뮤트)의 돌연사를 통해 설설희의 생명을 살리는 장면을 연출한 바 있다. 일반적으로 한국 드라마나 영화에서는 재난 상황에서도 인간보다는 반려견이나 동물의 생존을 우선적으로 묘사하는 경향이 강한데, 임성한 작가는 이례적으로 인간의 생명을 연장하기 위해 드라마 내에서 절대적 강자이자 상징적 존재였던 떡대를 갑작스럽게 희생시키는 결정을 내렸다. 한편 이 장면은 떡대 역의 개가 실제로 뛰어난 연기를 보여준 것으로도 화제를 모았다. 떡대는 죽음의 순간을 연기하면서 천천히 신음소리를 내는 등 사람과 비슷한 방식으로 감정을 표현했고, 이후 주인공 오로라(전소민)가 달려와 울며 부둥켜안았을 때에도 꼼짝하지 않고 실제로 죽은 듯한 모습을 유지하여 시청자 사이에서 명연기로 호평을 받았다.

않았으나 "사람으로 치면 노년이야"라는 단치감(구 돌쇠)의 대사로 보아 8세 이상으로 추정되며, 치감의 친할머니(치감이 리안에게 선물한 은비녀의 주인)께서 꽤 오래전에 돌아가셨는데 유품 정리를 못 하고 있다는 것을 듣고 나니, 오이지의 전생은 비녀 주인인 치감의 친할머니(혹은 증조할머니)가 아닐까 조심스럽게 예측해본다. 그래서 치감이 그렇게 싫은 티를 내어도 그가 자는 동안 옆에서 핥아주는 것이 할머니의 손주 짝사랑이 아닐지 조심스레 짐작해본다.

두 번째로 주목할 점은, 임성한이 한국 드라마 장르 내부에서 오랫동안 축적된 전통적 요소와 서사 관습을 전략적으로 차용한다는 점이다. 그 대표적인 예 중 하나는 주·조연 배우의 캐스팅 전략이다. 주연 여자 주인공은 신인 배우를 기용하되, 서사의 안정성과 무게감을 지탱하는 중견 조연 배우는 과거 유사한 역할로 기억되는 인물을 선택함으로써, 과거 드라마의 기억을 현재로 소환하는 구조를 만든다. 이는 단순한 회고 효과를 의도하는 연출이 아니라, 기억된 감정과 정서를 서사에 주입하는 일종의 서사 장치로 기능한다.

대중이 기억하는 임성한표 드라마는 세 번째 장편 작품인 〈인어 아가씨〉 이후 형성되었다. 첫 장편작 〈보고 또 보고〉에서도 당시 논란의 여지[18]가 있는 겹사돈이라는 소재와 부모와의 관계에서 차별을 느끼며 이를 극복하기 위해 독기를 품은 정은주(김지수)의 역할을 통해 시청자와 방송국을 상대로 일종의 테스트를 시도했다. 이후 작가는 기획 의도[19]에서 알 수 있듯이 〈인어 아가씨〉를 통해 본격적인 복수극을 준비한다. 그리고 그 복수의 정도를 시청자가 분노를 느끼는 차원이 아니라 공포심을 느끼는 수준이기를 기대한 것 같다. 때문에 과거 〈전설의 고향〉[20]에서 1대 구미호로 활약한 한혜숙 배우를 주요 악

> **18** 논란의 여지는 막장의 필수 요소다. 실제로 단막극 〈웬수〉로 데뷔할 당시 작가는 시어머니에게 복수하는 며느리라는 파격적인 설정을 하였다. 이후 작가는 그 파격과 논란의 여지를 어느 정도로 할지를 시험하는 듯하다.
>
> **19** 기획 의도 전문은 이러하다.
> "'열정'이란 이기적인 욕심 때문에 조강지처를 버리고 새로운 가정을 꾸린 아버지. 그리고 그런 아버지를 향한 복수를 인생의 목표로 삼고 자라난 전처 딸. 〈인어 아가씨〉는 혈육을 향한 치밀하고 냉정한 복수극과 그녀의 운명적인 사랑 이야기를 통해 '결혼'에 담긴 신성한 의무와 '사랑'에 담긴 진실에 대해 생각해보게 한다. 대부분의 일일극은 결혼을 통한 남녀의 만남과 사랑, 그리고 가족애를 이야기하고 있다. 그러나 〈인어 아가씨〉는 일반적인 일일극의 틀에서 벗어나 가족과 사랑을 주제로 다루면서도 한 가족을 둘러싼 과거사와 복수 등의 도발적인 내용을 시도하고 있다. 일상을 벗어나지 않으면서도 일상을 뒤흔드는 새로운 형식의 일일극, 그리고 매일 저녁을 강렬하고 다양한 색채로 아우르는 극적인 드라마가 될 것이다."
>
> **20** 〈전설의 고향〉은 한국 공포 장르 드라마의 대표적인 작품이다. 특히, 이 작품은 당시의 제한적인 특수 효과 및 그래픽 기술을 활용하여 무덤에서 시신이 부활하는 장면 등을 연출함으로써, 한국 방송에서 최초로 본격적인 좀비물 스타일을 선보인 바 있다. 그중에서도 대중에

역에 캐스팅함으로써, 장르적 무의식까지 호출하는 전략을 구사한다. 이는 단순한 팬 서비스나 화제성 이상의 효과로, 시청자에게 서사의 정당성을 주입하고, 감정의 방향을 유도하는 내러티브 주술[21]로 작용한다. 한혜숙은 좋지 않은 이미지가 생길까봐 해당 배역의 캐스팅을 여러 차례 거절했으나 작가의 끈질긴 설득으로 역에 임했다고 인터뷰를 통해 밝힌 바 있다.

〈인어 아가씨〉 시청 당시 수용자 기억

드라마의 시작은 드라마 작가로 성공한 아리영(장서희)이 은하 작가라는 필명으로 원수 심수정(한혜숙)을 캐스팅한 뒤 괴롭히는 장면들이 연출되었다. 당시 나는 극

> 가장 강렬한 인상을 남긴 건 '구미호' 편이었다. 1979년 7월 방송된 구미호 편에서 한혜숙 배우는 별도의 특수 효과 없이 소복과 짙은 화장만으로도 강렬하고 매혹적인 구미호 캐릭터를 성공적으로 연기하며 큰 화제를 불러일으켰다. 이후 '한혜숙의 구미호'는 한국 공포 장르의 상징적 존재로 자리 잡았으며, 당대 유명 여자 배우들이 차례로 구미호 역을 맡는 계기가 되기도 했다. 자료에 따르면, 당시 한혜숙은 KBS의 간판 배우였으며 꼿꼿하고 도도한 이미지가 강했던 탓에, 방송 관계자들과 크고 작은 불화를 겪기도 했다고 전해진다. 이로 인해 당시 한혜숙이 파격적인 분장과 과감한 연기가 요구되는 구미호 역을 맡기로 한 것에 대해 의아하게 여기는 시선도 있었으나, 역설적으로 이는 방송국이 구미호 캐릭터를 전면적으로 내세워 적극적으로 키우고자 했던 전략으로 해석할 수 있다. 결과적으로 당시 시청자의 기억 속에서 '구미호는 곧 한혜숙'이라는 공식이 확립될 만큼, 구미호라는 캐릭터는 한혜숙 배우와 강력히 결합하여 기억되었다.

21 드라마 연구 중 필자가 고안한 표현으로, 주술적 효과를 목적으로 서사 자체를 사용하는 것을 뜻한다.

중에서 한혜숙 배우가 저지르는 악행은 보지 못했기에 오롯이 몰입이 어려운 면이 있었는데 그때 같이 드라마를 보러 온 이모할머니께서는 금세 몰입하여 "저 '구미호'가 어쩌고저쩌고" 말했던 기억이 있다.

2-3. 불멸의 여주

최근에는 남자 주인공('남주')이 없거나 서브 남주만 있는 등 사실상 여자 주인공('여주')만 있는 드라마의 수가 많아지고 있다. 하지만 임성한 작가가 초기에 활동하던 시기에는 주 시청자가 여성이었음에도 불구하고 남성 위주의 서사가 대부분이었다.

임성한 드라마의 세계에서는 여자 주인공이 단순한 주인공을 넘어, 서사의 창조자이자 파괴자, 생존자이자 구원자로 등장한다. 그는 작품마다 공주, 기생, 선녀, 마님, 아씨 등 여성을 상징하는 호칭을 타이틀에 명시하며, 여자 주인공 중심의 서사를 분명히 선포한다.

초기작 〈보고 또 보고〉에서는 여자 주인공 은주가 결혼 이후 시댁의 지지를 받아 미대 진학이라는 꿈을 이룬다. 이는 가부장제 내부에서 여성이 정체성을 실현하는 모델에 가까웠다. 그러나 이후 〈인어 아가씨〉부터는 상황이 전환된다. 주인공 아리영은 복수를 위해 남성을 전략적으로 이용하며, 결국 남편 없이도 완결된 자아를 구축하는 인물로 그려진다.

흥미로운 점은 여주의 강함이 클라이맥스에 이를수록 남성 캐릭터들이 서서히 제거되거나 소멸한다는 점이다. 남성들은 외도, 사고사, 병사 등으로 갑작스럽게 퇴장하며, 드라마의 중심 서사는 점차 여성 간의 감정선과 관계망으로 축소된다. 대표적인 예로 〈압구정 백야〉에서는 조나단(김민수)이 뜬금없는 거리 싸움으로 죽음을 맞이하고, 〈결혼작사 이혼작곡〉 시리즈에서는 서동마(김경남)가 백화점 천장 패널에 맞아 돌연사한다.

임성한 드라마의 반복되는 구조 중 하나인 '남편의 사라짐'으로 극 중에서는 이러한 상황을 두고 "여자가 남자를 잡아먹었다"라는 식의 표현이 사용되며, 이때 〈인어 아가씨〉에 등장한 1대 구미호 한혜숙의 캐스팅이 다시금 그 상징성을 강화한다. 남자 주인공으로 캐스팅된 인물이 극 중반에 갑자기 퇴장하거나(예: 〈오로라 공주〉의 황마마), 조연으로 보였던 인물이 돌연 서사의 주체로 재구성되기도 한다(예: 〈오로라 공주〉의 설설희). 이러한 사례들을 종합해보면, 임성한의 서사 세계에서는 남주의 존재 자체가 사실상 부재하거나 무의미한 구조임을 알 수 있다.

반면 〈인어 아가씨〉 이후 등장하는 여자 주인공들은 남편이나 남성 없이도 완결된 인물로 그려지며, 필요에 따라 남성을 전략적 자원으로 사용하기도 한다. 예컨대 아리영은 복수전에 돌입하기 전, 대학 시절 한 남자를 만나 자신의 매력과 전략이 통하는지를 시험하고, 그를 무참히 떠나며 관계를 단절한다. 이 이별은 훗날 아리영에게 되돌아오는 불행의 씨앗이 되지만, 그녀의 행동은 분명히 '시험하는 여성'이자 '지배하는 서사 주체'로서의 위치를 명확히 한다.

이처럼 혼자서도 만능인 여주는 행복의 절정에서 불행이 찾아오면 깊은 고민 없이 가정을 떠나고 은둔의 길을 선택한다. 이 장면들은 임성한 드라마에서 반복되는 '남편의 돌연사' 혹은 '남성의 퇴장'의 의미를 다시 해석하게 만든다. 그들이 사라지는 이유는 단지 무능하거나 잘못을 저질렀기 때문이 아니라, 여자 주인공이 너무 유능하고 완벽하기 때문에 서사 내에서 남성의 필요성이 사라지기 때문이다.

결국 임성한 드라마 속 돌연사와 죽음은 단순한 권선징악이 아니라, 여성 인물의 유능함을 입증하기 위한 알레고리로 작동한다. 이러한 구조는 기존의 '남성 중심 서사'의 종말이 아니라, 여성 인물만으로도 서사의 폐쇄성과 완결성을 성립시킬 수 있다는 여성 유일의 세계관 선언으로 읽을 수 있다.

이러한 서사 구조는 남성을 제거함으로써 여성의 유능

함과 독립성을 부각하는 동시에, 여성 중심 세계의 폐쇄적 완결성을 지향한다. 이는 임성한이 만들어낸 고유한 신화적 구조의 핵심이며, 여성 주체의 서사가 어떻게 기존 드라마의 성역할 구도를 교란하는지를 보여준다.

논란의 여지가 있겠지만 "여자는 현명하고 남자는 그렇지 못하다"라는 대사나 임신 후 성별을 확인하는 순간에 노골적으로 여아 선호를 보이는 모습, 더 나아가서는 일처다부제를 연상케 하는 묘사로 논란을 만들어왔다.[22]

> 22 임성한 작가의 드라마 세계에서는 사회 현실이나 규범과 무관하게 작가의 이상적인 세계관이 적극 드러난다.
> 그중 첫 번째는 명시적 혹은 묵시적인 형태로 등장하는 '일처다부제' 코드다. 〈오로라 공주〉에서는 여자 주인공 오로라(전소민)를 중심으로 전남편인 황마마(오창석)와 현 남편인 설설희(서하준)가 기묘한 동거 상태를 형성하여 암묵리에 두 남성 사이에 동성애적 긴장감을 불러일으킨 바 있다. 특히 황마마가 극 중 갑작스럽게 사망한 이후, 설설희와 오로라 사이에서 태어난 아들이 죽은 황마마를 빼닮은 외모를 지니도록 묘사함으로써 시청자가 세 사람이 혼숙을 했다고 추측하게 만들었다.
> 이러한 구조는 이후 방영된 〈압구정 백야〉에서도 다시금 재현될 것으로 기대되었으나, 실제로는 등장인물 조나단(김민수)이 급작스럽게 죽음을 맞이하며 실현되지 않았다. 그러나 극 후반부에 정삼희 작가(이효영)가 등장하여 주인공 백야에 대한 묘한 관심을 보이며 일처다부제를 연상시키는 암시를 다시금 제공했다. 극의 초반 존재감이 희미했던 인물 반석(오기찬) 역시 중반 이후 조지아(황정서)와 정삼희 사이에서 미묘한 삼각관계를 형성하며, 작가가 던지는 이러한 '떡밥(암시와 복선)'이 시청자로 하여금 다양한 예측과 해석을 하게 만들었다. 그러나 결국 작가는 이러한 예측을 모두 빗나가게 함으로써, 시청자의 관습적 기대와 예측을 무너뜨리는 것을 일종의 연출 전략으로 활용하였다.
> 두 번째로, 임성한은 작품에서 노골적으로 '여아 선호'의 가치를 표방하기도 한다. 대표적 사례로 〈압구정 백야〉의 육선지(백옥담) 캐릭터

2-4. 공포

 드라마나 영화에서 공포의 대상이 정체를 드러내기 전에는 공간의 분위기와 상황을 최대한 모호하게 만든다. 미스터리 천지를 만들기 위해 으스스한 분위기와 배경 소리에 세심하게 공을 들인다. 어디선가 쎄 하게 들려오는 소리가 서스펜스를 유발하고, 곧 귀신을 맞을 주인공 역시 아무것도 모르겠지만 애써 두려움을 숨기고 숨죽여 이리저리 움직인다. 한참을 기다리다 약간 방심하는 틈에 그것은 짠 하고 등장한다. 이때 시청자는 주인공과 마찬가지로 아무것도 모르는 무지한 존재다. 시청자에게도 정보는 제한적으로 주어지기 때문에 상황을 정확히 알 수 없고 문제의 원인도 제대로 파악되지 않은 상태다. 이처럼 무지하고 나약한 존재로서 시청자가 귀신을 맞이하면 그 귀신이 곧 공포가 된다.

 그러나 임성한의 공포는 다르다. 작가는 죽음이나 귀신이 출몰하기 전 시청자가 드라마 속 상황을 전부 아는 것 같은 착각과 오만함에 빠지게 만든다. 매우 일상적인

> 가 있다. 육선지는 밉상 캐릭터로 돌아서면서 다양한 징벌과 시련을 받을 것으로 기대되었는데, 작가는 그 시련을 네 쌍둥이 남자아이 출산이라는 형태로 제시했다. 그 후 육선지가 딸 출산을 갈망하며 체질 개선을 위해 고기만 먹고 점집을 찾아갔으나, 오히려 '다음에도 아들 쌍둥이'라는 점괘를 받고 절망하는 장면을 통해, 작가는 남아 출산을 일종의 징벌처럼 묘사하며 여아 선호 이념을 극적으로 표현했다.

상황과 다 아는 뻔한 이야기를 주고받는 식으로 하품이 나오는 지루한 일상이 연출된다. 한가로운 오후에 '그래 이런 게 인생이지' 싶은 마음이 들 때 작가는 '아니, 전지전능한 건 나 하나야!'라고 뒤통수를 치듯 아무렇지 않게 죽음 혹은 귀신의 얼굴을 내놓는다. 시청자와 주인공이 한껏 오만해져 있을 때 귀신을 맞이하는 거다. 이때는 귀신이 아닌 작가가 공포가 된다.

귀신보다 더 무서운 작가의 존재감이랄까. 귀신이나 빙의 등 현실 세계에서 접할 수 있는 현상을 넘어 작가 자체가 신적 존재를 느끼게 만드는 요소로서 작용하는 것이다. 임성한 작가의 정확한 의도는 모르겠지만, 이렇게 드라마 밖 존재의 힘을 강하게 느끼게 만드는 방식은 인간이 죽음을 대할 때와 유사한 감정을 불러일으키는 듯싶다. 평소 우리는 주변 상황을 살피고 분석하고 인과관계를 통해 세상을 이해한다. 돌연 죽음이나 귀신 같은 존재를 만나게 되었을 때는 세상 밖 존재를 원망하거나 인간으로서 살아가는 것에 무력감을 느낀다. 수용자가 시청자로서 '나는 한낱 시청자에 불과하구나'라고 무력감을 느꼈듯이 말이다. 그래서 임성한 작가가 죽음을 연출할 때면 시청자 게시판에 항의가 쏟아진다.

3. 위기: 수난의 때

임성한 작가의 새로운 시도는 작가의 의도대로 시청률을 견인하는 중요한 역할을 해왔지만, 동시에 양날의 검처럼 안팎으로 공격을 받는 빌미가 되기도 하였다. 탄탄한 팬 층이었던 시청자마저 일정 수위가 넘어가면 항의했고 연장 반대 서명운동이 전국적으로 펼쳐지기도 했다. 방송국 또한 기대했던 만큼 시청률이 나오지 않거나 자신들의 심의 기준을 넘어가면 작가에게 하차를 종용하기도 하였다. 또한 임성한이 오랫동안 활동을 이어온 만큼 달라진 제작 환경으로 인해 필연적으로 위기를 맞을 수밖에 없었다. 때로는 작가로서의 능력과 무관하게 개인사에 대한 온갖 억측과 비난을 받기도 하였다. 그중에서도 작가에게 가장 큰 시련으로 느껴졌을 듯한 〈왕꽃 선녀님〉 당시 상황을 살펴보려 한다.

3-1. 입장문: 작가의 목소리

임성한 드라마는 처음부터 끝까지 내부 논리로 작동하는 세계를 구축한다. 그러나 그 세계는 전파를 타고 방송되기 때문에 항상 외부와 접촉할 수밖에 없다. '외부'란 시청자일 수도 방송사일 수도 언론 혹은 제도일 수도 있다. 내부 논리와 외부와의 마찰은 임성한 드라마에 반복적으로 등장해온 '위기'의 핵심 배경이기도 하다.

임성한은 드라마 작가로서는 이례적으로, 특정 논란이 발생했을 때 공식 입장문이나 게시판을 통한 '직접 발화'를 감행한다. 그의 드라마가 현실 논리와 동떨어졌다는 이유로 비판을 받을 때, 그는 침묵하거나 방어하는 태도를 보이지 않고, 오히려 더욱 단호하게 '자신의 세계가 왜 그렇게 작동해야 하는지'를 주장하는 경향이 있다.

앞에서도 언급했던 〈하늘이시여〉 표절 논란 당시의 입장문이 잘 알려져 있다. 이때 임성한은 시청자 게시판에 입장문을 올렸다. 쓰고 싶은 이야기가 너무 많아 다 쓰지 못하고 죽을까봐 걱정이라는 내용이었다. 즉, 사과나 해명, 합리적 설명이 아니라, 자신의 창작 욕망이 얼마나 넘쳐나는지에 대한 선언이다. 그의 진술은 비난에 대한 회피가 아니라 외려 공격처럼 들린다. 즉, '나는 지금 이 세계를 쓰고 있으며, 그 세계는 오로지 나로부터 계속 흘러나오고 있다'라는 작가로서의 존재 선언이자, 그 세계에 대한 일종의 신앙 고백으로 읽을 수 있다.

작가의 언어: 변명 대신 선언

임성한이 쓴 입장문은 일반적인 사과문이나 기자회견

문과는 결이 다르다. 그는 논란을 줄이고 외부의 분노를 누그러뜨리기보다는, 오히려 자신의 내면에서 솟구치는 이야기를 '중단할 수 없는 힘'으로 묘사함으로써 자기 창작의 필연성을 주장한다. 이러한 태도는 타 드라마 작가들과 비교해보았을 때 독특한 위치를 형성한다. 다수의 작가들이 시청자 반응에 민감하게 반응하여, 논란이 된 설정을 수정하거나 편집하는 방식으로 수용자와의 긴장을 조율한다. 반면 임성한은 그런 균형의 제스처를 거의 취하지 않는다.

그의 드라마는 외부 현실보다 자기 내부의 서사 구조와 신념에 더욱 충실하게 반응한다. 시청자 항의조차 그 세계의 일부로 재흡수되는 모습을 보인다. 이러한 특성은 이후 드라마의 구조와 전개에도 영향을 미치는데, 때때로 논란의 대상이 된 인물을 오히려 부각하거나 의도적으로 시청자의 감정선과 어긋나는 전개를 설계함으로써 작가와 시청자 사이의 주도권 전쟁을 벌이는 양상을 띠기도 한다.

입장문이 드러내는 것: 위기가 아니라 기회

임성한의 입장문을 단순한 방어 기제로 보기에는 무언가 이상하다. 그 언어는 위기를 수습하려는 어법이 아니라, 위기를 '하나의 사건'으로 다시 창작하는 어법에 가깝기 때문이다. 임성한의 목소리는 드라마 외부에서 발생한 혼란을 드라마 내부의 질서와 연결하려는 시도이며, 그 자체로 작가의 세계관이 어떻게 위기에 대응하며 확장되는지를 보여주는 한 사례다. 이는 곧, 임성한의 세계에서 '위기'란 균열이 아니라, 균열을 감수하고서라도 지켜야 할 세계의 경계선이라는 사실을 드러낸다. 그 경계에서 작가는 외부의 규범이나 상식을 따르기보다는, 내부의 이야기 원리에 대한 충성을 택한다. 그래서 그의 입장문은 늘 한 방향이다. '나는, 지금, 이 이야기를 써야 한다.'

3-2. 세계를 빼앗기다: 권력의 붕괴

과거 일일 드라마는 9시 뉴스의 시청률로 직결되었기 때문에 방송사마다 일일 드라마의 시청률에 매우 예민하게 반응했다. 〈왕꽃 선녀님〉이 방영되기 전 한동안 MBC 드라마국은 자사 드라마의 부진으로 곤혹을 치르고 있었다. MBC는 당시 전작들이 연속해서 높은 시청률을 기록했던 임성한 작가에게 편성을 의뢰하였다. 그런데 임성한 작가는 방송 시일에 임박해서야 이 드라마가 무속을 전면으로 다룬다는 기획안을 전달하였다고 한다. 기획안을 전달받은 제작진과 데스크에서 소재에 대한 우려가 많았으나 시청률에 대한 믿음과 촉박한 시간으로 인해 제작

을 강행할 수밖에 없었다. 특히 제작진은 방송심의 제재를 우려했다고 한다.[23]

〈왕꽃 선녀님〉은 임성한의 대표작 중 하나로, 무속 세계를 전면에 내세운 드라마였다. 제작 초기부터 무속과 신기神氣를 얼마나 묘사하는지에 대해 작가와 의견 대립이 일었다. 마치 무속 다큐멘터리 같다는 시청자 반응이 나왔던 첫 화도 재촬영을 거듭하여 작가가 원한 것보다는 많이 순화되어 표현되었다. 초기 시청률이 예상만큼 나오지 않자 무속의 묘사가 과하기 때문이라는 자체 평가가 나왔고 내부에서는 소재 자체에 대한 책임론이 불거졌다. 이에 작가는 오히려 신기를 더 상세히 묘사하는 강수를 두었다. 이 전략은 실제로 시청률 상승으로 이어졌다.

높은 시청률로 예정된 100회를 넘기자 방송국 측은 연장을 요구하였지만 결말[24]을 두고 작가와 대립이 있었고,

---

23 「방송심의에 관한 규정」 제42조(비과학적 내용)는 다음과 같이 명시한다. "방송은 미신 또는 비과학적 생활태도를 조장해서는 아니 되며, 사주·점술·관상·수상 등의 내용을 다룰 때에는 이것이 인생을 예측하는 보편적인 방법으로 인식되지 않도록 하여야 한다."

24 임성한 작가가 준비했던 결말은 부용화가 죽은 후 사망 판정을 받고 사흘 뒤 장례를 치르러 가는 도중에 관에서 살아난다는 내용이었다. 이는 과학적 판단의 근거에 전면 대항하는 미신의 내용이면서 기독교의 예수 부활 권위에도 도전하는 것이라 제작진과 데스크 모두 반대했다고 한다. 작가가 교체된 이후 병원에서 의사가 사망 판정을 한 뒤, 영안실로 옮기는 과정에서 살아 있음을 확인하고 의사의 오진이었던 것으로 수정되어 방송되었다.

의견 차이가 좁혀지지 않자 방송국은 일방적으로 작가를 교체하였다. 이후 드라마는 무속이라는 원래의 세계관에서 급격히 벗어나 '초원의 사랑'이라는 전혀 다른 노선으로 선회했고, 이후 시청률은 급격히 하락하며 종영하였다.

이 사건은 작가가 창조한 세계가 방송사라는 권력 구조에 의해 탈취되고 붕괴하는 과정이었으며, 임성한의 작가적 권능이 제약받았던 가장 극적인 사례로 남는다. 이 경험은 이후 그의 서사 전략에 변화의 계기를 제공했을 가능성이 높다. 그는 이후 작품들에서 보다 우회적인 방식으로 무속과 죽음을 연출하거나, '피비'라는 새로운 이름으로 복귀하여 인터뷰 등을 통해 드라마 밖에서 자신의 세계관을 보완하거나 설명하는 전략을 구사하기 시작한다.

4. 절정: 권능

수많은 논란과 외부 압력에도 불구하고, 임성한 작가는 자신이 창조한 세계에 대한 절대적 통제력을 포기하지 않았다. 그는 드라마 작가이지만 단순히 이야기 생산자가 아니라, 서사의 권능을 행사하는 창조자적 존재로 기능한다. 특히 그의 권능은 대사의 형식, 서사의 구성, 매체의 경계를 넘어서는 발언 방식 등을 통해 구체화된다. 4장에서는 크게 두 가지 측면―긴 호흡의 대사와 말싸움 장면, 종영 후 외부 매체를 통한 설정 해명―을 중심으로 임성한의 권능이 어떻게 드러나는지를 살펴본다.

4-1. 말말말: 대사와 말싸움의 미학

요즘은 제작 방식이 사전제작 방식으로 많이 바뀌었지만, 기본적으로 한국 드라마는 편집과 방송이 동시에 이루어졌기 때문에 시청자의 의견을 수용하여 내용에 반영하곤 했다. 이는 드라마의 양방향적 속성이며 드라마가 열린 서사체라고 불리는 이유다.

그런데 시청자 의견을 수렴하여 작품에 반영하는 다른 드라마 작가들과 달리 임성한은 그 의견을 꼼꼼히 확인한 후 대중이 절대 예상하지 못할 수로 응수를 놓는다. 그래서 비호감 캐릭터가 한순간에 호감으로 바뀌기도 하고, 호감이었던 이도 밉상으로 등극하는 등 수용자의 감정선과 상관없는 상황이 연출되기도 한다. 또한 흥미로워 보이고 예측하고 싶은 상황(꿈, 스님의 말, 동물의 죽음 등)을 소위 '떡밥'으로 만들어주고는 종국에는 예상 밖의 결과를 보여주며 시청자는 단순히 수용자임을 거듭 확인시킨다.

〈압구정 백야〉 140화 시청 후 수용자의 메모

"세상 영원한 게 없다. 배우의 생명줄만큼이나 호감도도 임작가님의 손아귀에 놀아난다. 마음만 잡수시면 호감이었던 캐릭터도 하루 새 비호감으로 만들어버린다. 극 초반 주인공 야야가 못된 시누이 역에서 똑 부러지는 사연녀로 돌아서는 걸 시작으로, 풋연기(나는 이런 말을 지어내는 게 웃기다. 발연기를 풋연기라 하시는데 풋사과가 떠오르기도 하고 여하튼 좀 웃기다) 논란으로 '저러다 누구에게 밉보여 하루아침에 돌연사의 강을 건너겠구나' 했던 조지아는 지금 압구정 조지아가 되어 세상 그렇게 귀엽고 사랑스러운 여자가 없다. 반면 야야의 수족으로 야야라면 껌벅 죽던 육선지는 무엄이를 만나 재벌집 작은 사모가 되면서 압구정 밉상녀로 등극했다. 내가 〈오로라 공주〉의 '떡대'만큼이나 좋아했던 화엄이 할머니 옥단실 여사도

야야를 며느리 삼지 않기 위해 수를 쓰는 과정에서 비호감이 되셨다. 야야를 사지로 내모는 과정에서 모든 수를 써도 안 된다 하셨는데, 나는 속으로 '임성한 월드에서 안 되는 게 없다는 108배'도 안 해보고 저러시는 할머니가 미웠다. 139화 이후 나는 무엄이, 문정애 여사, 답답이 화엄이가 싫고, 조지아, 장추장, 야야가 좋다. 나머지는 오락가락한다. 황유라 여사와 기사 아저씨가 보고 싶고 조나단이 그립다."

임성한 드라마의 트레이드마크로 자리 잡은 대표적인 연출 방식 중 하나는 바로 '테이블을 사이에 두고 벌이는 긴 말싸움 장면'이다. 이 장면은 별다른 화면 전환이나 배경 음악 없이 긴 호흡으로 배우들의 대사와 비언어적 장면 묘사에만 의존하여 극적 긴장감을 형성한다. 가히 서사를 지배하는 대사랄까.

그 대표적인 첫 번째 사례는 〈인어 아가씨〉에서였다. 주인공 은아리영(장서희)이 자신을 복수의 대상으로 삼은 것을 알게 된 심수정(한혜숙)과 아버지가 이를 따지자, 아리영은 테이블을 사이에 두고 자신이 당한 억울함과 원한을 조목조목 열거하며 반박한다. 당시 이 장면은 아리영의 독기 어린 연기 때문에 큰 화제를 모았다. 돌이켜보면 이것이 임성한 드라마 특유의 긴 말싸움 장면의 효시로 작용했다는 점에서 중요한 사례로 평가할 수 있다.

두 번째로 주목할 사례는 〈압구정 백야〉에서 등장한다. 이 드라마에서는 무려 2회차 방영분에 걸쳐 주인공 백야(박하나)와 친모인 서은하(이보희)가 긴 말싸움을 이어나간다. 자신이 친딸임을 알게 된 후 서은하가 나타나 "아들과의 결혼이 부당한 복수"라고 백야를 비난하자, 백야는 자신의 억울함과 분노를 대사로 격렬하게 쏟아낸다. 특히 이 장면은 긴 말싸움 중간중간 배우의 머리카락이 클로즈업으로 오래 노출되거나 등장인물이 목이 말라 물을 마시는 장면까지 생생히 묘사되어, 시청자 역시 극 중 인물의 지친 상태를 겪는 독특한 수용 경험을 제공한 바 있다.

4-2. 종영 이후의 목소리

드라마 작가는 드라마를 통해 세계를 만들고 이야기한다. 가끔 인터뷰를 통해 의도를 드러내기도 하고 제작 비하인드를 털어놓기도 하지만 자기가 만든 세계 밖에서 그 세계를 전복하는 일은 거의 없다. 이런 금기에 가까운 원칙을 깬 사례가 임성한 작가에게 있다.

임성한은 드라마라는 매체의 프레임 안에서만 발언하지 않는다. 그는 작가 인터뷰나 보도자료를 통해 종영 이후 드라마의 서사를 다시 쓰는 행위를 감행한다. 이는 단순한 후일담 이상의 의미를 가지며, 종영 이후에도 서사를 계속 확장하고 지배하려는 창조자의 권능을 보여준다.

대표적인 사례는 〈결혼작사 이혼작곡〉[25] 시리즈다. '피비'로 필명을 바꾼 후 방영된 첫 드라마인 이 작품은 표면적으로는 불륜과 치정의 서사를 따름으로써 시청자를 현혹하였다. 그런데 작가는 시즌 3이 끝나고 그 충격이 가시기도 전에 언론과의 서면 인터뷰를 통해 등장인물 서반(문성호)의 정체가 AI였다는 사실을 스스로 밝혔다.

작가는 "AI와 인간의 경계를 탐색한 SF 드라마"[26]였다고 설명했다. 이 설정은 극 중에서는 명확히 드러나지 않았고, 배우의 연기도 해당 설정을 고려한 것이 아니었다. 서반 역할 배우에게 '로봇 연기 논란'이 일었을 때 배우는 "작가의 디렉션에 의한 것"이라고 밝힌 바 있었지만, 그 인물이 AI였다는 사실을 배우는 알고 있었을까?[27]

극 중 서반 역은 회를 거듭하면서 비중이 커지더니 시즌 2에서는 인간 남편들에 질린 세 명의 여자 주인공 모

---

[25] 드라마 제목에 포함된 단어 '작사', '작곡'을 통해 모든 것이 설계(프로그래밍)된 상황임을 암시한다.

[26] 극 중 서반의 아버지는 신경외과 박사 출신이자 SF 전자 회장이다.

[27] 서반을 연기한 문성호 배우는 조선일보와의 인터뷰에서 이렇게 말했다. "사람들이 '서반이 좀 웃었으면 좋겠다'고 할 때마다 대본을 보여주고 싶었다. 내 대사의 지문에는 항상 '무심정' '무감정' '무뚝뚝' 이런 말이 쓰여 있었다. 나중에는 아예 '뚝함'이라고 적혀 있더라."(2022년 4월 30일)

두가 꿈꾸는 미래의 배우자 상으로 등극했다. 종영 이후 작가의 설명을 듣고 나니, 해당 드라마에서 재조명해야 할 장면이 있다. 'AI의 빙의 장면'이다. AI 서반이 죽은 신기림(노주현)의 영혼에 빙의해 김동미(이혜숙)을 유혹한 후 무자비하게 폭행하는 신을 통해 AI의 빙의(바이러스, 변이)와 인간을 향한 공격을 원한의 감정으로 표현했다. 수용자가 시청하던 당시에도 늘 감정 표현이 없었고 모든 것이 완벽해 보였던 서반이 여자를 무자비하게 때리는 모습이 매우 낯설게 느껴졌었다. 이후 시즌 3이 끝날 때까지 이러한 장면은 다시 연출되지 않았고, 서반은 다시 반듯한 이미지의 비밀을 가진 완벽남 역할만 수행했다.

종영 이후의 작가 목소리를 통해 해당 드라마는 완전히 다른 생명력을 얻으며 홀연히 떠올랐다. 이는 텍스트 자체가 아니라 외부 발화(작가의 해석)를 통해 작품의 장르와 주제를 재규정한 사례로, 드라마의 종결 이후에도 여전히 이야기의 주도권이 작가에게 있음을 보여주었다. 나아가 드라마의 서사와 수용을 포함한 '확장된 세계관 관리자'로서 작가의 위치를 확고히 하는 전략이다.

4-3. 돌연사와 빙의

사례 1. 〈하늘이시여〉는 주인공 모녀를 둘러싼 비밀을 중심으로 이야기가 흘러간다. 어느 날 소피아(이숙)는 우연히 그 비밀을 알게 되고 그것을 다른 사람에게 전한다. 그 후 아무런 걱정이 없는 듯 소피아는 방에서 홀로 코미디 프로그램 〈웃찾사〉를 시청하던 중 박수를 치며 웃다 돌연 죽음을 맞는다.

사례 2. 〈압구정 백야〉는 자식을 버린 친어머니 서은하(이보희)에 대한 주인공 백야(박하나)의 복수극이다. 백야는 복수를 위해 친모의 아들 조나단(김민수)에 접근해 계획대로 결혼한다. 백야가 착한 남편과 행복해 보이는 결혼을 한 후, 조나단은 지나가는 장면처럼 아무 이유 없이 길을 가던 중 폭력배와 시비가 붙고 한 대 맞은 뒤 돌연 죽음을 맞는다.

사례 3. 〈결혼작사 이혼작곡〉은 불륜과 치정을 다룬다. 송원(이민영)은 유부남을 사랑하고 임신하였는데 우여곡절 끝에 시부모의 사랑을 받으며 결국 가정을 꾸린다. 시즌 3의 시작은 송원의 출산일인데, 송원은 병원에서 아이를 품에 안고 기쁨의 눈물을 흘린 후 갑자기 호흡이 가빠지며 돌연 죽음을 맞는다.

사례 4. 〈결혼작사 이혼작곡〉의 신기림(노주현)은 아내

김동미(김보연)와 함께 영화관에서 팝콘과 음료를 먹으며 영화를 본다. 영화 속 어떤 장면인지 웃음이 유발되더니 돌연 호흡이 가빠져 죽음을 맞는다.

사례 5. 〈결혼작사 이혼작곡〉에서 서동마(김경남)는 오랜 방황 끝에 진정한 사랑이라 믿는 사피영(박주미)을 만나 결혼한다. 동마는 백화점에서 아내에게 줄 결혼기념일 선물을 사고 돌아서는 길에 천장 패널 하나가 떨어져 돌연 죽음을 맞는다.

죽음과 귀신은 어떤 모습으로 다가오는가?

주변인의 갑작스러운 죽음을 경험해본 사람이라면 "죽음은 예고 없이 찾아오는 거야"라는 말을 들어봤을 테다. 사람의 육체가 서서히 기력을 다하여 자연사하는 것과 달리, 사고사나 돌연사는 마치 광고 문자처럼 아무런 예고나 징후 없이 찾아온다. 그러나 이 같은 사실을 충분히 알고 있다 하더라도, 죽음이라는 사건과 그 과정은 여전히 엄숙하며 때로는 숭고한 대상으로 남는다. 그렇기에 뉴스나 사건 보도 프로그램에서는 보도 윤리와 시청자의 정서를 고려하여 죽음에 대한 자세한 묘사를 최대한 회피하고 있다.

그러나 방송 프로그램 중에서 유독 드라마라는 장르만큼은 죽음을 충실히, 때로는 지나치게 세밀히 재현하는 경향이 있다. 배우는 캐릭터의 죽음 장면을 맞닥뜨리면 혼신을 다해 연기한다. 배우의 연기란 본인의 경험치와 상상력의 산물이다. 그러나 실제로는 경험해본 적 없는 죽음의 순간을, 마치 그 순간을 진정으로 통과하는 듯 혼을 담아 표현하는 배우들의 모습은 경이롭다는 생각마저 들게 한다. 이렇듯 죽음이 등장하는 장면은 시청자의 몰입도가 일상적 장면보다 높은 편이기에, 드라마 작가들은 대개 죽음을 극적 효과를 극대화하는 일종의 돌파구 또는 '치트키'처럼 사용한다. 때로는 죽음을 남발하여 윤리적 문제를 일으킨다는 비판을 받기도 한다.

일반적으로 드라마에서 죽음은 슬픔이나 비장미를 유발하거나 극적 전환의 계기를 만들고, 시청자의 공감을 통해 시청률 상승을 노리는 전략적 장치다. 하지만 임성한의 드라마에서는 기존 사례에서도 살펴보았듯, 전혀 개연성이 없고 때로는 터무니없는 돌연사가 빈번히 등장한다. 흥미로운 점은, 임성한 드라마의 돌연사 장면에서는 보통의 드라마에서 기대되는 슬픔의 정서가 느껴지지 않는다는 점이다. 오히려 시청자는 이에 공감하기보다 당혹감과 항의를 표출한다.

수용자로서 필자는 임성한 드라마의 돌연사 장면에서

납득하기 어렵고 매우 기이한 인상을 받았다. 그래서 이러한 장면들을 반복하여 돌려보기 시작했고, 문득 이 죽음의 장면을 역재생해보았다. 시간을 거꾸로 돌리는 순간 깨달은 점은, 돌연사의 역재생 장면이 임성한 작가가 자주 연출하는 '귀신에 씌는 빙의 장면'과 매우 유사한 모습이었다는 것이다. 죽음의 순간을 통과한 후 아무렇지도 않은 일상으로 돌아와 환하게 웃고 있는 소피아와 신기림의 역재생 장면을 보면서, 마치 작가가 등장인물의 혼魂을 자유롭게 육체에서 내보내기도 하고 되돌아오게도 하며, 삶과 죽음, 그리고 혼의 순환을 자유자재로 보여준다는 인상을 받았다.

결국, 임성한의 드라마에서 나타나는 돌연사의 빈번한 등장은 단순히 극적 자극이나 서사 전환의 도구를 넘어, 인간의 삶과 죽음, 혼의 경계를 흐리며 작가 특유의 순환적 세계관을 암시하는 중요한 미학적 장치로 볼 수 있을 것이다.

5. 결말: 매체 확장 가능성

불교에서 '겁劫'은 하나의 세상이자 우주가 생겨나고 소멸하는 시간을 뜻한다. 즉 하나의 드라마가 시작되고 끝나는 시간이다. 아무리 지루하고 긴 드라마라도 그 끝은 있기 마련이다. 그런데 영상이 끝나면 드라마도 끝이 나는 것일까? 필자는 드라마 시청자인 동시에 영상을 주요 매체로 다루는 미술작가로서 영상 매체의 한계를 극복하고 외연을 확장할 수 있는지 궁금해졌다. 5장에서는 그 실험의 일부로서 임성한 작가의 최종화를 살펴보고자 한다. 그는 과연 순순히 끝을 맞이하였을까?

드라마는 유한한 매체다. 시작과 끝이 명확하게 존재하며, 일정 회차 내에 서사를 마무리해야 한다. 종결이란 드라마 장르의 본질적 속성 중 하나다. 그러나 임성한 작가의 드라마는 이와 같은 종결의 규칙을 정면으로 거스른다. 그는 드라마의 마지막 회차를 통해 작품을 단절이 아닌 확장, 이행, 이주의 계기로 삼는다.

그는 종영을 마침표가 아니라 세계관의 다른 차원으로 이동하는 순간으로 설정한다. 그의 드라마는 최종 회차에 이르러 이야기를 매듭짓기보다는 복수複數의 결말 가능성을 동시에 열어놓거나 혹은 그간의 서사를 전복하는 방식을 취한다. 이는 단지 열린 결말 open ending의 문제가 아니라, 매체의 외연을 확장하는 실험 전략으로 보인다.

이번 장에서는 임성한이 쓰는 대표적인 네 가지 결말 구조—입체 엔딩, 드라마의 돌연사 엔딩, UFO 엔딩, 무한 루프 엔딩—를 통해 그의 결말 연출이 어떤 방식으로 기존 매체의 틀을 넘어서는지를 살펴본다.

5-1. 입체 엔딩

〈인어 아가씨〉는 심수정(한혜숙)에게 한 맺힌 은아리영(장서희)의 복수극이다. 초기 대본의 엔딩은 주인공 아리영이 아버지와 한혜숙에 대한 복수에 성공한 후 지병인 심장병으로 갑자기 마치 동화 속 인어공주처럼[28] 죽음을 맞이하는 것이었다. 그리고 자신의 망막을 앞을 볼 수 없는 어머니에게 기증해 어머니가 개안한다는 내용으로 끝난다. 하지만 드라마는 작가의 의지로 연장에 연장을 거듭하여 더 긴 내용으로 계속되었다.

연장 이후 내용은 이러하다. 아리영은 복수에 성공한 후 결혼하고 첫째 아이를 낳아 행복한 삶을 산다. 하지만 곧 자신의 복수가 부메랑이 되어 돌아와 그 행복은 불신으로 깨진다. 결국 둘째를 임신한 상태에서 남편 이주왕

---

[28] 여자 주인공 '은아리영'의 이름은 디즈니 애니메이션 〈인어공주〉의 에리얼에서 따온 것이다.

(김성민)을 피하려다 마지막 회에서 교통사고를 당한다. 아리영의 마지막이 과연 죽음인지 이승 저편 다른 세상인지에 대해 시청자 사이에서 논란이 일었다. 마지막 장면의 아리영이 입은 옷이 교통사고 당시 입고 있던 원피스와 같은 옷으로 보였고, 천국과 같은 분위기가 연출되어 혹자는 그녀가 죽었다고 해석했다. 한편 수술실에서 멈추었던 심장 박동기가 마지막에 세 번 반응한 것과 아리영의 표정이 슬프거나 처연하기보다는 행복해 보였기에 그녀가 살았다고 해석하는 사람들도 있었다.

"왕자님과 죽지 않는 영혼을 얻을 수 있다면 난 무슨 짓이든 할 거야!"[29]

아마도 임성한 작가는 이름을 빌린 인어공주의 결말을 본인 드라마의 결말과 겹쳐서 보며 고민했을 것이다. 안데르센은 짝사랑하던 남자의 결혼 소식을 듣고 섬에 들어가서 『인어공주』를 집필하였다. 한국에 널리 알려진 것과 같이 인어공주가 물에 빠진 후 물거품이 되었다는 새드 엔딩과 달리, 원작은 왕자의 사랑을 얻지는 못하지만 인어공주가 영원불멸한 '공기의 정령'으로 승화된 세계를

---

[29] 안데르센 동화집 속 인어공주의 대사. 한스 크리스티안 안데르센, 『안데르센 동화집 1』, 햇살과나무꾼 옮김, 시공주니어, 2010, 159쪽

연출하였다.

드라마 엔딩에서 아리영은 저 멀리 동산에서 건너오는 남편과 두 아이를 보며 미소 짓지만, 그들은 마치 아리영이 눈에 보이지 않는 것처럼 끝까지 아리영 쪽을 직접 쳐다보거나 반응하지 않는 모습을 보인다. 안데르센이 그린 정령이 된 인어공주[30]처럼 아리영도 귀신이 되었거나 다른 세계의 존재가 된 게 아니었을까? 구체적 단서 없이 결말의 가능성을 열어놓는 열린 결말과 달리 단서에 따라 해석의 갈래가 나뉘는 '입체 엔딩'으로 〈인어 아가씨〉는 끝을 맺었다.

이후 〈오로라 공주〉에서도 죽었던 황마마가 결혼식 사진에 함께 찍히기도 하고 설설희와 오로라 사이에서 태어난 아이가 황마마를 닮는 설정 등 의학 상식과 맞지 않는 설정으로 종영 후 한참 동안 게시판이 뜨거웠다.

이처럼 복수의 해석 가능성을 열어둔 다중 종결은 임성한 작품에서 엿보이는 특징이다. "아리영은 죽었을까? 살았을까?" 이 질문은 필연적으로 "드라마가 끝났을까? 끝이 나지 않았을까?"로 귀결된다.

이렇게 작가는 입체 엔딩을 보이거나 연장에 연장을

---

[30] 안데르센이 밝힌 인어공주의 공식적인 결말은 '고통을 감내하고 선함을 추구하는 보상으로 공기의 정령이 되어 승천했다'이다. 임성한 작가는 종영 이후 한참 뒤 인터뷰를 통해 〈인어 아가씨〉는 해피 엔딩이라고 밝혔다.

거듭하는 등 자신의 분신 같은 드라마가 겁에 겁에 더하여 영겁永劫의 시간을 살기를 꿈꾸었는지도 모른다.

5-2. '드라마의 돌연사' 엔딩

 2000년대 초반까지는 종영일을 지키지 않고 연장을 거듭하는 것이 가능했다면, 요즘은 넷플릭스를 비롯한 각종 OTT 서비스가 '시즌제'라는 시스템을 일반화하여 원작의 성격과 상관없이 거의 모든 드라마가 각 시즌마다 이상한 방식으로 여운을 남기며 끝을 맞이하게 되었다. 그리고 다음 시즌에 대한 약속은 불투명해져 작가가 다음 시즌을 염두에 두고 어정쩡한 끝을 맺더라도 그것이 영원한 결말이 되기도 한다.

 '피비'라는 이름으로 제2의 드라마 작가 시즌을 시작한 첫 작품 〈결혼작사 이혼작곡〉에서 작가는 시즌 4를 계획해두었지만, 그 의지는 물거품이 되었고 시즌 3에서 엔딩을 맞아야 했다. 시즌 1과 시즌 2 마지막 회에 다음 시즌에 대한 예고 영상과 함께 '무엇을 상상하든 그 이상 기대하셔도 좋습니다'라는 문구가 자막으로 나왔는데, 시즌 4를 만들지 못하는 상황에서 작가는 어떻게 대처해야만 했을까?

 시즌 4가 무산되자 다급해진 작가는 드라마가 갑자기

죽음을 맞은 것처럼 서동마(김경남)를 죽음에 이르게 하였다. 그리고 응급차에 실려 죽어가는 동마의 머릿속에서 주마등처럼 보이는 2분의 장면을 통해 (오지 않을 시즌 4) 미래 요약본을 만들어 보여주었다. 그리고 나는 이것을 '드라마의 돌연사'라 부르기로 했다. 서사가 강제로 종료되어버리는 것이다.

이 장면에서 이상한 점은 사경을 헤매는 동마의 머릿속 주마등이 과거가 아닌 미래로, 통상적인 흐름과는 반대로 돌아간다는 점이다. 이는 시즌 4를 만들지 못하는 작가의, 아니 드라마의 마지막 살길이었던 듯하다.

5-3. UFO 엔딩

드라마의 돌연사 엔딩에 숨은 결말이 하나 더 존재하는데, 이는 드라마임에도 게임의 멀티 엔딩의 구조와 유사하다. 등장인물이 가장 행복을 느끼는 날 그를 저승으로 보내는 것이 특기인 임성한 작가는 이번에도 서동마가 결혼 후 지나치게 행복해 보이는 장면을 연출한 뒤 백화점 천장 패널을 머리에 떨어뜨려 일명 '쟁반노래방 죽음'을 연출했다. 일견 새드 엔딩 같지만 마지막에 죽은 줄 알았던 동마가 일어나 얼굴이 지워진 저승사자로 보이는 두 명의 인물을 바라보며 드라마가 끝난다.

이 장면에서 서바이벌 게임에서 특정 조건을 만족하면 갑자기 이상한 이벤트가 발생하며 엔딩을 맞이하는 장면, 그중에서도 UFO 엔딩이 떠오른다.

코나미사에서 만든 게임 '사일런트 힐'의 멀티 엔딩은 이러하다.

① 배드 엔딩 (카우프만과 만나지도 않고 시빌을 구하지도 않는다.)
② 배드 플러스 엔딩 (카우프만을 만나지는 않았지만 시빌을 구한다.)
③ 굿 엔딩 (카우프만과 만나고 시빌을 죽인다.)
④ 굿 플러스 엔딩 (카우프만과 만나고 시빌도 살린다.)
⑤ UFO 엔딩

다섯 번째 UFO 엔딩은 일종의 '이스터 에그'[31]다. 내용은 주인공이 자의든 타의든 UFO에 탑승하게 되거나 주위 사람이 사실은 인간이 아니라 외계인이었다는 말도 안 되는 이야기를 한다. UFO 엔딩을 맞이한 후 피비 작

---

[31] 마치 부활절 행사처럼 프로그래머가 부활절 토끼가 부활절 계란(easter egg)을 숨기듯 프로그램 내에서 장난을 친다는 뜻의 게임 용어. 주로 특정한 조건에 맞춰 흥미로운 기능이 작동한다.

가는 4장에서 밝혔듯이 일간지와의 인터뷰에서 이 드라마의 비밀을 털어놓았다. 서동마의 형 서반은 사실 AI였으며, 서동마 역시 뇌과학을 전공한 아버지인 SF 전자 회장이 수술하여 AI가 되었다고 밝힌 것이다.[32]

미래 요약과 UFO 엔딩, 이는 지금껏 없었던 새로운 형태의 엔딩이다. 하지만 이러한 방식의 최종화는 수용자가 돌연사 장면을 볼 때 느끼는 황망함을 지우기 위해 급하게 만든 것 같다는 느낌을 준다. 그럼에도 불구하고 임성한의 드라마를 꾸준히 시청해온 나로서는 이후 작가가 어떤 새로운 엔딩을 가져올지 기대가 되었다.

5-4. 시간의 뒤틀림, 무한 루프 엔딩

마지막으로 가장 최근작인 〈아씨 두리안〉의 엔딩을 살펴보겠다. 이 드라마는 홍보용 티저 영상에서 며느리가 시어머니에게 사랑을 고백하는 장면이 담겨 있어 방송 전부터 논란이 되었다. 티저 영상을 보며 나는 큰며느리 장세미(윤해영)의 드레스 지퍼를 누군가 내려주는 장면에서 무언가 어색하다는 느낌을 받았는데, 본 방송에서 그 부분을 확인하니 도우미 아주머니가 장세미의 드레스 지

---

[32] 〈결혼작사 이혼작곡 3〉 종영(5월 1일) 이후 연합뉴스와의 서면 인터뷰(2022년 5월 9일)

퍼를 올려주는 장면이었다. 최종화까지 보고 나니 홍보 영상에 본편의 한 장면을 거꾸로 재생하여 심어놓은 것은 〈아씨 두리안〉의 주요 장치인 타임슬립 이외에도 시간의 역행(뒤틀림)을 암시하려는 의도가 있었던 것 같다.

필자의 사견으로는, 제목에 포함된 단어 '아씨'와 두리안의 며느리 이름으로 사용한 '소저'가 계속 암시로 느껴졌다. '아씨'는 시집가서 며느리를 보기 전까지의 젊은 여인을 뜻하는 말인데 〈마님 두리안〉이 아니라 〈아씨 두리안〉이라 이름 붙인 것은 시간을 거스르는 듯 느껴졌다. 같은 맥락에서 '소저'를 살펴보면, 소저小姐란 '아가씨'를 한문 투로 부르는 말로 혼인 전 여인을 뜻한다. 소저가 2023년 현생으로 넘어온 이후 주변인들(백 회장, 치감, 치정, 등명)은 김소저(이다연)가 비녀를 꽂는 것을 극구 반대하고 결국 소저는 혼인한 설정임에도 현생에서는 비녀를 꽂지 않았다.[33]

이러한 설정은 수용자로 하여금 아래와 같은 상상을 가능하게 하였다.

① 보이는 것 이상의 시간의 뒤틀림과 미끄러짐이 존재

---

[33] 두리안과 김소저가 살던 조선 시대에는 미혼의 경우 길게 땋은 댕기 머리를 했고, 혼례를 치르면 비녀를 사용해 머리를 올렸다.

한다.

② 모든 것이 더 젊은 시절 김소저/두리안의 상상 혹은 꿈[34]이다.

③ 과거로 다시 타임슬립 할 때 대과거(과거 시점 더 이전의 과거) 혹은 태과거(대과거 이전의 과거)[35]로 회귀했다.

타임슬립은 극 중 설정에 따라 육체를 두고 이동할 수도 있는데, 〈아씨 두리안〉의 경우 머리를 산발한 채 소복 바람으로(입고 있던 옷가지 그대로) 물질이 이동했음을 알 수 있다. 그렇다면 이러한 설정에서 '대과거'로 돌아간다는 것은 무슨 의미일까?

시간순으로 보면 돌쇠(김민준)와 두리안(박주미)의 합방일이 '태과거'로 가장 먼저다. 이후 2년 뒤 돌쇠가 죽임을 당하는 것이 '대과거'다. 그 이후 둘 사이의 아들 박언(유정후)이 사망한 뒤 두리안은 전생 과거에서 현생 미래로 가게 된다. 이후 두리안의 전생 이동 시점은 미래로 이동해 올 때보다 적어도 17년 전 태과거로 추정된다. 두리안과 돌쇠의 합방일로 돌아갔는데, 이때는 두리안과 돌쇠

---

[34] 중국의 타임슬립 서사는 주로 꿈을 통해 이동하는 것이 많은데 이것을 몽회(梦回)라고 부른다.

[35] 太過去. 필자가 드라마 연구 중 시점을 구분하기 위해 만든 용어로, 클 태(太) 자를 붙여 대과거(大過去)보다 더 앞선 시점의 과거라는 의미를 담았다.

모두 살아 있을 때였다. 그러므로 두리안도 돌쇠도 살아 있는 육신이 존재하며, 양복 입은 단치감(김민준)과 현대 한복을 입은 두리안이 이동한 것이다.

여기서 생각해볼 점은 현생 치감은 전생 돌쇠의 업을 받고 환생하였지만 엄연히 DNA가 다른 사람이다. 그들은 서로 다른 육신이니 문제가 되지 않을 것 같은데, 대과거의 두리안과 다시 넘어온 두리안은 DNA가 같으므로 전생의 질서에 문제가 생겼을 것이다. 그래서 도플갱어의 미신처럼 다른 차원의 세계로 넘어갔을 가능성도 있겠다.

만약 방송사의 결정에 의해 시즌을 연장하지 못할 경우 이 드라마의 이야기는 어떻게 영속할 수 있을까? 이전작 〈결혼작사 이혼작곡〉에서 '드라마의 돌연사'를 맞았던 작가에게는 이러한 질문이 숙제처럼 남았을 테다. 그리고 다음 작품에서 또다시 자신의 의지가 꺾였을 때를 대비해 아마도 시즌을 이어가는 엔딩과 죽어서도 살 수 있는 엔딩, 두 개의 엔딩을 준비했으리라는 판단이 든다.

첫 화와 마지막 화의 상황과 요소들을 보면 서로 짝패를 이루는 것이 많다. 이런 수미상관 구조와 전생과 현생을 미끄러져 오가는 서사를 통해 작가는 만약 다음 시즌이 없어도 영원히 재생 가능한 무한 루프 엔딩을 연출한 것이 아니었을까?

첫 화	마지막 화
① 월식이 일어난다. ② 반려견 오이지가 갑자기 아프다. ③ 전생 김씨 부인(최명길)은 천삼을 받는다. 그는 받은 천삼을 아들에게 주고 아픈 아들을 극진히 보살핀다. ④ 갑자기 화장실 불이 나간다. 백도이: "이상스럽게 전구도 나가고" ⑤ 가족들이 모두 모인 자리에서 (단치정이) 결혼 발표를 한다. ⑥ 장세미: "키워준 엄마도 잘해줬고 친할머니 외할머니 사랑도 넘치게 받았어요." (백도이에게 고백하며)	① 일식이 일어난다. ② 반려견 오이지가 갑자기 아프다. ③ 현생 백도이(최명길)는 산삼을 받는다. 아들이 산삼을 보고 입맛을 다시지만 백도이는 자기가 산삼을 먹는다. 이후 아들은 아픈 엄마를 보살핀다. ④ 주남(곽민호)의 안경알 하나가 빠진다. ⑤ 가족들이 모두 모인 자리에서 (백도이가) 결혼 발표를 한다. ⑥ 장세미: "계모 손에 컸으니까요!" (백도이에게 화를 내며)

마치며

임성한의 드라마는 단순히 대중적 인기를 누린 '막장 드라마'로 치부하기에는 서사 실험과 미학의 지향이 복합적이며 다층적이다. 본 연구는 그동안 주류 비평 담론에서 외면 당하거나 폄하되기 쉬운 그의 작품을, 영상 매체의 양방향성, 세계관 구축, 서사 확장성이라는 측면에서 재조명하고자 했다. 무엇보다도 필자 본인이 오랜 기간에 걸쳐 임성한 드라마에 반복 노출된 수용자임과 동시에, 영상 매체를 실험 대상으로 삼는 작가라는 점에서 본 연구는 자기를 성찰하며 실천적인 비평 시도로서 의의가 있다.

연구 결과, 임성한은 고전극의 구조를 차용하면서도 이를 과감히 비틀고 확장하며, 기존 드라마가 가진 일방향적인 매체 특성과 종결성을 교란한다는 점이 확인되었다. 특히 그의 드라마는 다음과 같은 특성을 통해 매체의 외연을 넘어서는 가능성을 보여주었다.

세뇌술적 반복과 몰입 전략을 통해 시청자와의 감각적 유대를 공고히 하고,

여성 중심의 신화적 세계관을 구축하며,

죽음, 귀신, AI 등 현실과 초현실의 경계를 횡단하는 서사를 설계하고,

결말을 종결이 아닌 순환, 전이, 재귀의 계기로 전환함으로써 매체 경계 자체를 흔든다.

임성한의 전략은 영상 매체가 갖는 고정된 시간성, 시청 패턴, 현실 재현의 규칙을 전복하고, 드라마를 하나의 유동적이고 다차원적인 세계를 구축하는 장르로 확장하였다. 그가 그리는 세계는 어딘지 이상했고, 과했고, 때로는 무례하여 불편한 시선을 받곤 했다.

내가 그 모든 것을 수용하고 대변하는 것은 아니다. 다만, 그럼에도 불구하고 그의 드라마에는 '이야기라는 형식' 자체에 대한 흥미로운 질문들이 존재한다고 보았다.

한계와 과제

본 연구는 필자 개인의 감상 경험을 중심으로 구성된 자기 성찰 사례라는 점에서, 학술 일반화에는 한계가 있음을 다시 한번 밝힌다. 연구자 1인의 특수한 반응에 대한 사례로 국한되기 때문에 일반에 대한 함의에 이르기에는 큰 한계가 있다.

또한 분석 대상이 임성한이라는 단일 작가로 한정되어 있어, 보다 넓은 한국 드라마 장르 전체에 대한 비교적 통찰로 확장되기 위해서는 다른 작가나 작품과의 비교 연구, 혹은 수용자 집단의 반응 분석 등이 추가로 필요하다.

또한 여기서 내린 대부분의 결론은 임성한 작가와의 개별적인 인터뷰를 통해 알아낸 정보가 아니라 작가와 타 매체와의 인터뷰, 시청자 게시판, 기사, 기타 논문 자료를 바탕으로 한 개인적 수준의 유추에 그쳐 아쉬운 부분으로 남는다.

무엇보다 작가의 드라마를 통한 영상 매체 실험과 미술을 포함한 타 장르의 영상 매체와의 연관성과 차이점을 체계적으로 파악하는 것에 한계가 있었으므로, 향후 임성한 드라마와 영상미술의 경계 지대에 위치한 실험적인 작업을 연계해 분석하거나, 드라마 서사 구조의 탈구조화가 미술 영상 서사에 미치는 영향 등을 주제로 한 매체 간 후속 연구로 발전시키는 것이 과제로 남는다.

부록. 임성한과 봉준호의 서사 전략

경고: 이 글은 본문(영상 매체의 양방향성과 외연 탈피 가능성 연구)의 내용과 일부 중복될 수 있다. 이는 임성한 작품의 제1특징인 '세뇌'의 한 방식으로, 두 번 읽기가 힘든 독자는 그냥 넘어가도 좋다.

  임성한 작가에 대해 연구하면서 주위에서 받는 질문이 여럿 있다. 그중에서도 다른 드라마 작가들과 비교하는 질문을 많이 받았다. 예를 들어 웰메이드 드라마를 만든다고 명성이 난 김은숙, 노희경 작가와 비교하여 무엇이 좋은지를 묻는 경우 혹은 같은 막장 드라마 계보로 분류되는 김순옥, 문영남 작가들과 헷갈려 하는 경우다. 본래 부록으로 해당 작가들과 임성한 작가를 비교 분석하는 연구를 수행하려 하였으나, 사실상 너무도 다른 결의 작가들과 비교를 하는 것이라 다소 무의미하게 느껴졌다. 그래서 매체에 한계를 두지 않는 임성한 작품의 특징을 고려하여 그와 유사한 전략을 가진 작가(여기서 작가란 글을 쓰는 작가가 아닌 자기 세계를 만드는 자)로 폭을 넓혀보았고 봉준호 영화감독이 떠올랐다. 두 사람은 매우 다른 주제 의식과 탐구 방식을 가지고 있지만 필자가 본문에 제시했던 임성한 드라마의 주요 특징인 공포를 다루는 방식, 위기의 순간 대응 방법, 작품 내 서사 비틀기를 시도한 흔적으로 그 둘의 전략을 비교해보고자 한다.

공포는 예고되지 않는다: 어색한 등장

전통적인 공포 서사는 서서히 조여오는 불길한 분위기, 사운드와 카메라 워크를 통한 긴장 조성, 인물의 불안 심리 확대, 그리고 궁극적으로는 클라이맥스에서의 '등장'으로 구성된다.

그러나 임성한 드라마에서 공포는 이와 정반대의 방식으로 구성된다. 전조가 없다. 복선이 없다. 공포는 갑자기 현실을 찢고 들어온다. 그것은 너무나 일상적이고 안정적인 장면—웃고, 먹고, 쇼핑하고, 사랑하는 순간—에 갑자기 삽입되며, 시청자의 감정 리듬을 의도적으로 깨뜨린다.

이와 유사한 전략은 봉준호 감독의 영화 〈괴물〉(2006)에서도 관찰된다. 극의 초반부는 여느 한국 가족 영화처럼 평화롭고 일상적인 분위기로 시작된다. 한강 둔치에서 햇볕을 쬐며 오징어를 굽고, 어수룩한 아버지와 딸이 느슨하게 대화를 주고받는 장면은 관객에게 안정감을 준다. 그러나 불과 몇 분 후, 괴물은 아무런 전조 없이 물에서 튀어나와 사람들을 뒤쫓고 잡아먹는다. 관객은 "이게 정말 지금 당장?"이라는 당혹감에 휩싸이고, 그로 인해 더 깊은 충격과 무력감에 빠진다.

이는 임성한의 공포 연출 방식과 결정적으로 유사하다. 〈하늘이시여〉의 소피아, 〈압구정 백야〉의 조나단, 〈결혼작사 이혼작곡〉의 서동마와 신기림 역시 행복한 순간, 평온한 대화 속에서, 전혀 이유 없이 죽음을 맞이한다. 공포는 이들에게 찾아온 것이 아니라, 시청자에게 '던져진 것'이다.

구분	봉준호 〈괴물〉	임성한의 드라마
공포의 대상	물리적 존재(괴물)	죽음, 귀신, 신적 개입
연출 방식	사실적 배경에 비현실적 존재 투입	일상에 돌연사·빙의 발생
관객의 감정	공감 → 충격 → 체제 비판	몰입 → 혼란 → 작가 존재 인식
매체의 전략	국가적 무능에 대한 은유	신적 서사 권력에 대한 체험

두 작가의 전략은 닮은 면이 있으면서도 차이가 있다. 〈괴물〉에서 공포는 결국 국가의 무능이 만들어낸 괴물성을 드러내며, 현실을 비판하는 기능을 수행한다. 반면 임성한 드라마에서 공포는 작가의 전능함을 드러내는 상징적 장치로 기능한다. 시청자는 공포의 대상 자체보다, 그 공포를 설계한 '손'의 존재에 경악한다. 결과적으로 두 작가는 예고 없는 공포를 통해 관객과 시청자의 감정 구조를 교란시킨다. 그러나 봉준호가 관객으로부터 체제에 대

한 분노를 유도한다면, 임성한은 '이 세계의 주인은 나'라는 선언을 감정의 차원에서 수용자에 주입한다. 이 차이는 드라마라는 형식과 작가주의적 서사에서 비롯된다.

위기의 순간: 대응 방식의 차이

공포의 예처럼 임성한과 봉준호의 서사는 종종 관객의 감정 구조를 깨뜨리고, 질서를 의심하게 만든다. 그리고 이 질문은 또 다른 질문으로 이어진다. '질서를 깨뜨리는 작가는 시스템과 충돌하였을 때 어떤 경로로 대응하는가?' 자기 세계의 신으로서 창작자에게 시스템은 협력의 대상이자, 피할 수 없는 충돌의 상대다. 그 벽 앞에 섰을 때, 두 사람은 전혀 다른 길을 택했다.

봉준호는 〈설국열차〉(2013) 제작 당시 편집권을 두고 미국 배급사와 갈등을 빚었다. 이후 〈옥자〉(2017)를 넷플릭스라는 새로운 플랫폼을 통해 공개하며, 시스템 바깥으로 나가 자신의 창작 권한을 되찾는 전략을 택했다. 그는 〈기생충〉(2019)에서 아예 산업과 예술의 경계를 넘나드는 완성도를 실현함으로써, 글로벌 작가주의 체제의 정점에 올라섰다.

반면 임성한은 시스템 내부에 남되, 자신을 감추는 방식으로 대응했다. 그는 〈하늘이시여〉 이후 언론 노출을 극도로 제한했고, 2021년 〈결혼작사 이혼작곡〉에서는 '피비'라는 필명을 사용하며 작가의 실체를 서사에서 분리하는 전략을 구사했다. 봉준호가 매체를 바꾸어 시스템을 확장했다면, 임성한은 익명성과 서사 외부 발화를 통해 시스템 내부에서 자신의 세계를 재정의했다. 두 작가 모두 시스템과의 충돌 이후에도 자신의 내러티브 권한을 고수했다는 점에서, 이들의 대응은 '작가가 어떻게 세계의 신으로 살아남는가'를 보여주는 사례라 할 수 있다.

서사 비틀기

임성한과 봉준호는 공포를 통해 관객의 감정 구조를 깨뜨리고, 기존 장르의 규칙을 무너뜨리며 새로운 규칙을 제안하는 창작자다. 그들은 관습적 장르 드라마와 영화의 문법을 넘어, 자기만의 문법을 만들어냈다. 그리고 그들이 시스템과 충돌했을 때, 한 사람은 밖으로 나가 다른 매체를 선택했고, 한 사람은 안에 남아 익명성을 무기로 삼았다.

그러나 이 모든 과정의 끝에, 두 사람은 더 근본적인 차원의 질문 앞에 섰다. "이 세계(내가 만든 세계)의 규칙은 무엇인가, 나는 그 규칙을 따를 것인가 아니면 부정할 것인가?"

그들의 마지막 전략은 단순히 규칙을 깨는 것에서 멈추지 않았다. 스스로 세운 규칙마저 부정하며, 그 부정의 힘으로 세계를 다시 확장하는 시도였다.

임성한은 〈결혼작사 이혼작곡〉 이후 인터뷰를 통해 등장인물이 AI였다는 기념비적인 발언을 남겼다. 이는 드라마 작가 중 사례를 찾아보기 힘든 것으로 그동안 그의 서사를 따라가려고 애를 쓰던 시청자에게 큰 충격을 안겨주었다. 이는 드라마를 통속극에 가두지 않고 판타지로 확장하려는 시도로 보였다.

유사하지만 정반대로 보이는 사례를 봉준호의 〈괴물〉에서 찾아볼 수 있다. 그는 한강에 나타난 괴물이라는 판타지적 서사로 극을 펼쳐 보였지만 한 인터뷰에서 이는 유괴범에 대한 이야기[36]라고 밝힌 바 있다. 이 발언은 관객이 영화 내내 믿고 따르던 '괴물'의 상징성을 다시 의심하게 만든다. 그러나 봉준호의 발언은 임성한처럼 서

---

36 "괴물 영화인 척하지만 사실은 유괴 영화예요. 유괴범이 사람이 아니라 괴물이란 점만 다른 거죠. 즉 유괴된 자식을 공권력의 협조를 못 받고 구출하는 이야기. 국가, 사회, 공권력, 시스템은 모두가 외면하는 가운데 즉 시스템이 도와주지 않는 가운데 약자들 스스로가 약자를 구한다는 의미를 담고 있죠."_2007년 6월 28일 상암동 문화콘텐츠센터 시네마테크 KOFA 1관에서 진행된 문화콘텐츠 기획·창작 아카데미 오픈특강에서 봉준호 감독의 말
'〈괴물〉은 사실 유괴 영화', 오마이뉴스, 2007.07.03.
star.ohmynews.com/NWS_Web/OhmyStar/at_pg.aspx?CNTN_CD=A0000420200

사 바깥에서 세계를 무효화하는 선언이 아니라, 이미 영화 안에 심어둔 다층적 코드의 일부로 기능한다. 그가 SF판타지 서사를 이용하면서도 실제로는 현실의 이야기를 하려는 것은 임성한의 드라마가 통속극의 얼굴을 하면서 SF판타지를 숨기고 있는 것과 비교할 만하다.

임성한은 드라마의 바깥에서 규칙을 뒤엎는 선언을 하고, 봉준호는 서사 내부에 장치를 심어 관객을 교란한다. 임성한의 비틀기는 외부의 절대적 목소리로서, 봉준호의 비틀기는 내부의 은유와 상징으로서 작동한다.

2부 경계

연결된 세계: 드라마의 안과 밖

남선우

현실 세계와 드라마의 세계, 두 세상의 경계境界에 서서 바라보는 안과 밖. 음악, 작명, 번역, 배역, 세트 등을 두루 파헤침으로써 삶과 밀접하게 연결된 드라마의 속성을 들여다본다.

남선우

두루두루 아티스트 컴퍼니에서 에이전트로, 언리미티드에디션 서울아트북페어에서 기획단 일원으로 일하며 창작자들을 돕고 있다. 『게이트웨이 미술사』를 공역했고, 이제는 우리나라에서 사라진 '아침드라마'에 대한 그리움을 담아 『아무튼, 아침드라마』를 썼다. 저녁 일일 드라마 재방송 시청으로 매일 아침을 시작하며, 드라마 연구회의 연구원으로서 드라마의 세계관과 현실을 잇는 연구를 하고 있다.

□ **2부 차례** □

Yesterday Yes a Day like Any Day: 안판석 드라마와 OST · **102**

너의 이름은: 문영남식 작명법 · **106**

견생은 오이지처럼?: 드라마와 동물권 · **111**

임성한 드라마의 실어증과 함구증 · **116**

인도인과 기러기: 온전하고 유연한 번역을 향해 · **124**

소주는 소주잔에 맥주는 맥주잔에 · **131**

막장의 황야인가 40대 여배우의 운동장인가: 김순옥 작가의 용병술 · **136**

끝이 보이지 않았던 그리움: 한국 의학 드라마 연대기 · **142**

내 마음에 니주를 깔고 그댄 나비가 되어: 〈스캔들〉 세트장 방문기 · **153**

세현이와 소원 아빠: 고도를 기다리며 · **160**

스물다섯 선재를 업고 시그널에 폭싹 응답하라 · **166**

파랑새는 있나?: 드라마에서 행적을 감춘 서민들 · **175**

같은 시간에 우린 어쩌면 서로를 · **182**

Yesterday Yes a Day like Any Day: 안판석 드라마와 OST[1]

2023년 7월 16일, 제인 버킨^{Jane Birkin}이 세상을 떠났다. 그의 별세 소식을 듣고 머릿속에 온종일 「Yesterday Yes a Day」(1977)가 맴돌았다. 세르주 갱스부르^{Serge Gainsbourg}가 당시 그의 아내인 제인 버킨을 위해 작곡한 이 곡은 드라마 〈아내의 자격〉(2012)에서 윤서래(김희애)와 김태오(이성재)의 테마로 사용되기도 했다. 한때의 유행어인 '공기 반 소리 반'이 무엇인지 여실히 보여주는 그의 목소리는 금기시되는 관계였던 서래와 태오가 갖는 설렘 반 불안함 반의 감정을 고루 증폭시켰다. 안판석 PD는 이 드라마에서 제인 버킨의 노래 외에도 몽키즈^{The Monkees}의 「Daydream Believer」(1967), 버즈^{The Byrds}의 「Turn! Turn! Turn!」(1965) 등 1960~1970년대의 향수를 지닌 음악을 사용함으로써, 불륜이라는 소재에 대한 시청자의 불편함을 그리움의 정서로 덮는 데 성공했다.

이후 〈밀회〉(2014)에서 안판석은 OST를 더욱더 적극적이고 효과적으로 활용한다. 이 드라마는 천재 피아니스트 이선재(유아인)와 문화재단 기획실장 오혜원(김희애)

---

[1] 이 글에 도움을 준 정다운 님께 감사드린다.

이 주인공이었던 만큼, 바흐, 차이콥스키, 슈베르트, 베토벤, 모차르트, 라흐마니노프의 피아노곡을 다수 사용했고, 피아니스트 김소형이 클래식 슈퍼바이저로 참여하여 선곡의 묘를 살렸다.

그중에서도 〈밀회〉 OST의 백미는 12회에서 무려 5분 40초 동안 대사 없이 이어진 빌리 조엘Billy Joel의 「Piano Man」(1973) 전곡이다. 선재의 자취방 침대에 나란히 앉은 혜원과 선재가 이어폰 하나를 나누어 끼고 음악을 듣는 동안, 둘의 얼굴은 슬픔에서 기쁨으로, 전율에서 위로로 시시각각 변한다. 3분 20초경 눈물을 터뜨린 혜원의 흐느낌이 선재의 어깨에 그대로 전해지지만 선재는 나직이 그를 기다려준다. 곡이 끝날 무렵 잦아드는 음악 소리와 함께 두 사람은 다시 평온을 되찾는다.

이듬해 그는 〈풍문으로 들었소〉(2015)에서 '함중아와 양키스'가 1980년에 발표한 동명의 곡을 활용하여 극의 블랙 코미디적 분위기를 한껏 살렸고, 〈밥 잘 사주는 예쁜 누나〉(2018)에서는 레이첼 야마가타Rachael Yamagata의 목소리를 빌려 다시 한번 쓸쓸함과 따뜻함을 공기와 소리처럼 반반 섞었다. 안판석 드라마의 음악 감독으로 오랫동안 협업해온 이남연이 작곡을 맡고, 레이첼 야마가타가 직접 작사한 「Something in the Rain」은 드라마와 더없이 하나 되는 정서를 전달했다.

이후 이남연과 레이첼 야마가타는 안판석의 다음 작품인 〈봄밤〉(2019)을 위해 시나리오를 함께 읽고 세 곡을 함께 작업했다. 〈봄밤〉은 같은 PD, 같은 작가, 같은 음악 감독이 만들고, 심지어 같은 남자 주인공(정해인)이 나오는 까닭에 전작의 기시감이 짙다는 비판에서 벗어나기 어려웠다. 그럼에도 불구하고 이 드라마에서 흘러나오는 레이첼 야마가타의 「We Could Still Be Happy」(2019)는 팔짱을 끼고 서 있던 사람들을 속절없이 다시 TV 앞으로 데리고 갔다.

〈봄밤〉 이후 4년간 차기작 소식이 없어 대중이 안판석 PD의 드라마 소식을 궁금해하기 시작할 무렵, 그가 신작을 준비 중이며 주인공으로 정려원 배우가 물망에 올라 있다는 소식이 전해졌다.[2] 안판석 PD표 드라마 소식이 이

---

2 이 드라마는 2024년 〈졸업〉이라는 제목으로 SBS에서 방영되었다. 대치동 학원가의 숨 막히는 생리와, 그 안에서도 계속되는 사랑과 성장, 관계 맺기의 이야기가 담담하고 아름답게 그려진 드라마다. 이 작품 또한 이남연이 음악 감독을 맡았고, 대부분의 곡은 뉴욕 허드슨 출신의 3인조 밴드 더 레스틀리스 에이지(The Restless Age)가 작업했다. 특히 어쿠스틱 기타 연주가 아름다운 메인 테마곡 「Don't Forget about Me」(2024)는 '64페이지를 펴보자(Open to page 64)'라는 가사로 시작하여 '나를 잊지 말아달라(Don't forget about me)'라는 결구로 끝나며 학원 수업과 연애편지의 중의적 분위기를 잘 살렸다. 더 레스틀리스 에이지는 〈졸업〉의 대본을 보며 이남연 감독과 함께 이 곡을 완성했다고 한다.

토록 반가운 까닭은 최근 현란하고 괴로운 서사로 칠갑한 드라마의 홍수로 인해 마라탕을 먹은 듯 정신이 얼얼했기 때문일까, 아니면 갑자기 전해진 제인 버킨의 별세 소식 때문일까?

어쩌면 세련되고 트렌디한 누군가에게는 안판석식 멜로와 OST가 다소 고리타분하고 철 지난 것처럼 느껴질지도 모른다. 하지만 1960~1980년대 음악을 사용한 그의 2010년대 드라마가 오늘도 여전한 그리움과 새로운 공감을 자아낸다는 점에서, 내게는 그의 '옛날 스타일/예스터데이' 드라마가 시간을 초월한 '오늘의/예스 어 데이' 드라마처럼 느껴진다.

안판석의 드라마는 OST뿐만 아니라, 파격 치정물이라는 타이틀 뒤에 깔린 세태의 부조리에 대한 날카로운 시선, 모든 배우에게 인생 캐릭터를 안겨주는 선구안, 약간 빛이 바랜 듯한 화면의 아름다움 등 도처에 탁월함이 가득하다. 〈졸업〉이라는 가제가 붙은 신작을 통해, 그가 어떤 음악과 이야기와 장면과 메시지를 섞어 어떠한 종합적인 경험을 대중에게 전해줄지 벌써 설렌다.[3]

---

[3] 2025년 5월 〈협상의 기술〉이라는, 안판석 PD의 또 하나의 신작이 성공적으로 방영을 완료했다. 이번에도 이남연 음악 감독이 고유한 색을 유지하는 가운데 2019년 〈봄밤〉에서 인연을 맺은 케빈 살렘(Kevin Salem)이 주도적으로 작업에 참여해, 거칠고도 섬세하고도 짜릿한 협상의 세계를 음악으로 뒷받침했다.

너의 이름은: 문영남식 작명법

한국인에게 이름은 다분히 주술적 역할을 한다. '인생은 이름 따라간다'라는 말이 있듯이, 아이가 태어나면 대부분의 부모는 아이의 장래에 대한 희망과 기원을 담아 이름을 짓는다. 일단 한번 지어지면 수없이 불리는 덕 혹은 탓에, 이름자가 가진 좋은 뜻을 비는 마음은 물론 발음이 주는 파동과 에너지, 한자의 획 수까지도 고려하여 이름을 짓는다. 그 에너지가 당사자의 입신출세와 부귀영화, 무병장수, 행복 등을 유도한다고 여기기 때문이다.[4]

드라마 속 인물의 부모 혹은 조물주라고 할 수 있는 작가와 연출가는 인물의 이름을 어떻게 지을까? 임성한 작가는 극 중 인물에게 희귀한 성씨와 이름을 자주 부여하는 것으로 알려져 있다. 사피영, 두리안, 아다모, 은아리영, 모란실, 부혜령, 단치감, 판사현, 마마준, 차라리 같은 이름을 가진 이들의 황당하리만치 기구한 사연과 행로를 보고 있자면 '이름이라도 평범하게 지었다면 어땠을까…' 하는 안타까운 마음마저 든다. 이름이 너무 고우면 귀한 자식인 줄 알고 잡아간다고, 자식이 귀신의 주목을 받지 않고 그저 소소하고 무탈하게 크기를 바라며 일부러 흔

---

4 한국민속대백과사전(folkency.nfm.go.kr)에서 '작명'을 검색하여 참고하였다.

하고 천한 이름을 붙이거나[5] 무병장수를 바라며 '김수한무거북이와두루미삼천갑자동박삭…'이라는 긴 이름을 지었다는 이야기처럼 말이다.

특이한 이름이 현실에서 존재하기 어려운 인물의 비현실적 설정을 뒷받침해주는 경우도 있다. 세상 모든 것을 손에 쥐었는데 외모까지 출중한 〈상속자들〉(2013)의 강력한 두 상속자 김탄(이민호)과 유라헬(김지원), 〈야왕〉(2013)에서 어릴 적 헤어진 쌍둥이 형으로 위장해 검사가 되는 호스트바 출신의 하류(권상우)가 그 예다.

한편 김병욱 PD 시트콤에 등장하는 대부분의 인물은 배우 본인 이름을 그대로 사용하며, 성은 극 중 가장의 것을 따른다. 〈거침없이 하이킥!〉(2006~2007)에서 이순재(이순재) 일가의 두 아들에게 이준하(정준하), 이민용(최민용)이라는 이름을 붙이는 식이다. 〈웬만해선 그들을 막을 수 없다〉(2000)의 주인공 일가가 윗세대인 신구가 아닌 아들 세대 노주현의 성을 따른 것과, 〈감자별 2013QR3〉(2013~2014)에서 장기하가 본명이 아닌 '장율'로, 이순재가 무려 '노송'으로 출연한 것 등 몇몇 예외는 있지만 말이다.

---

[5] 가령, 고종의 아명은 '개똥이', 황희 정승의 아명은 '도야지'였다고 한다. (신현배, '별난 한국사 이야기', 한국 4H 신문, 2012. 9. 29)
www.4hnews.kr/news/articleView.html?idxno=6738

문영남 작가는 극 중 인물의 이름 석자에 캐릭터의 성격과 인생을 압축하고 유머 한 스푼을 더하는 능란한 작명술로 정평이 나 있다. 그의 초기작 〈장밋빛 인생〉(2005)에서 고故 최진실 배우가 연기한 '맹순이'는 자의식과 자기주장 없이 남편과 아이들을 위해 희생만을 강요당하며 살았다. 남편의 뻔뻔한 외도에도 아무 말 하지 못하던 맹순이는 갑작스럽게 닥친 병마와 싸우다 처연히 죽어갔다. 한편 손현주 배우가 연기한 '반성문'은 바람을 피운 사실을 결혼 10주년 기념일에 아내 맹순이에게 통보하고, 자신을 붙잡는 아내를 도리어 폭행했다. 반성문은 뒤늦게 반성의 눈물을 흘리며 말기암 환자가 된 부인을 간곡히 간병하고 맹순이가 잠시라도 고통을 잊을 수 있도록 내복 바람에 코믹 춤까지 선보였지만, 아내의 병세와 후회 모두 깊어질 뿐이었다.

맹한 맹순이와 반성할 일투성이였던 반성문. 시청자는 맹순이를 안타까워하면서도 그의 맹함을 탓했고, 반성문의 반성을 촉구했다. 다분히 유명론적 특성을 띤 문영남의 시그니처 작명법은 대략 이맘때부터 태동했다. 혹시 맹순이의 삶이 그렇게 맹했던 것과, 반성문의 삶이 그토록 반성할 것으로 넘쳐났던 까닭이 어쩌면 오랜 시간 그 이름으로 불리며 기원의 힘과 에너지가 작용했기 때문이 아니었을까?

공수표와 배신자[6], 백마탄과 왕재수[7], 노양심과 마초남[8], 권태기와 고금아[9] 등… 캐릭터의 부모 격인 문영남 작가가 등장인물에게 내린 이름은 그들의 성격과 역할, 심지어는 앞으로의 운명까지 결정 짓는다. 굳이 그런 이름을 지어주지 않아도 어차피 작가는 그들의 운명을 결정할 수 있지만 말이다. 일견 무성의하고 잔인해 보이기도 하지만, 이러한 작명법은 아주 친절한 것일지도 모른다. 시청자가 보통 드라마에 대해 이야기할 때 대부분 배우의 본명을 호명하는 데 비해 문영남의 드라마는 그렇지 않기 때문이다.[10]

그런데 최근작 〈빨간풍선〉의 세 주인공인 조은강(서지

[6] 〈소문난 칠공주〉(2006), 공수표는 공수표를 자주 날리고, 배신자는 배신을 한다.

[7] 〈수상한 삼형제〉(2009~2010), 백마탄은 백마 탄 왕자처럼 등장하고, 왕재수는 재수 없는 언행만 일삼는다.

[8] 〈왜그래 풍상씨〉(2019), 노양심은 양심이 없고, 마초남은….

[9] 〈빨간풍선〉(2022~2023), 권태기는 권태에 빠져 오랜 연인을 배신하고, 고금아는 고구마를 백 개는 먹은 듯 답답한 행동을 일삼는다.

[10] 가령 당신은 〈사랑의 불시착〉(2019) 속 현빈의 극 중 이름이 지금 당장 기억나는가? 〈태양의 후예〉(2016) 속 김지원의 극 중 이름은? 그러나 〈빨간풍선〉의 자린고비 할아버지가 '고물상'이라는 것, 〈조강지처 클럽〉(2007)의 어딘가 부족한 내연녀의 이름이 '모지란'이라는 것은 단번에 떠오르지 않는가. 물론 〈시크릿 가든〉(2010~2011)의 '길라임'이나 〈이태원 클라쓰〉(2020)의 '박새로이'처럼 예외적으로 기억에 선명히 남는 이름도 있지만 말이다.

혜)과 조은산(정유민) 자매, 그리고 은강의 연적이자 친구인 한바다(홍수현)의 이름 짓기 방식은 이전과 다른 기조를 띠는 듯 보인다. 평소의 문영남 작가였다면 믿었던 친구에게 남편을 빼앗긴 한바다는 '원부인', 바로 그 믿었던 친구인 조은강은 '부륜녀' 정도의 이름을 붙여 캐릭터를 설명했을 텐데, 지극히 일반적으로 느껴지는 이름을 사용한 것이다. 조연들의 이름은 여전히 특유의 작명법을 사용했기 때문에 이 부분이 어쩐지 더 두드러지고 의아하기도 했다.

그러나 회를 거듭할수록 작가의 마음을 짐작할 수 있게 되었다. 시청자인 나는 분한 나머지 자기가 불행해지는 것도 불사하는 한바다의 마음이 조금 더 넓고 편안해지기를, 뻔뻔한 겉모습과는 달리 남몰래 불안에 떠는 조은강이 부디 물 흐르듯 순리적인 선택을 하기를 바라게 되었던 것이다. 시놉시스라는 일종의 사주팔자를 통해 극중 인물들의 운명은 큰 틀이 이미 정해져 있지만, 작가는 자신이 탄생시킨 인물들이 행복에 이르기를 바라며 좋은 에너지와 바람을 담은 이름이 계속 불리도록 했던 것이 아닐까.

견생은 오이지처럼?: 드라마와 동물권

2022년 1월 19일, '동물자유연대'는 대하드라마〈태종 이방원〉(2021~2022)의 7화 낙마 장면을 비판하는 성명을 발표했다.[11] 공개된 촬영 현장의 기록 영상에 의하면 와이어를 이용해 말을 넘어뜨리는 과정에서 말이 심하게 고꾸라졌으며, 스턴트 배우가 떨어지는 모습 또한 매우 아찔했다. '동물자유연대'는 촬영 직후 스태프들이 쓰러진 스턴트 배우의 상태를 확인했지만 한참 동안 홀로 쓰러져 움직임조차 보이지 않는 말의 상태는 누구도 살펴보지 않았고, 이후로도 말이 어떤 상태인지 확인되지 않음을 지적하며 동물 학대 의혹을 제기했다. KBS 시청자 청원 게시판에도 해당 말의 안전을 확인해달라는 청원이 여러 건 접수되자, KBS는 "확인 결과 해당 말은 직후 스스로 일어났고 외견상 부상이 없는 것을 확인한 뒤 돌려보냈으나 결국 촬영 후 일주일쯤 지나 죽었다"라는 답변을 내놓았다.[12]

---

11 'KBS 드라마〈태종 이방원〉동물 학대 논란에 휩싸여', 동물자유연대 보도자료, 2022. 1. 19.
www.animals.or.kr/report/press/58903

12 '〈태종 이방원〉동물 학대 논란 사과 "말 사망, 책임 깊이 통감"', 스타투데이, 2022. 1. 20.
v.daum.net/v/20220120180301120

이보다 몇 년 앞선 2014년에도 KBS는 동물 학대 논란에 휩싸인 이력이 있다. 드라마 〈연애의 발견〉(2014)에서 헤어진 연인 한여름(정유미)과 강태하(문정혁)가 과거의 행복했던 모습을 회상하는 신에서 함께 키우던 토끼를 목욕시키는 장면이 문제가 되었다. 집토끼가 물에 닿는 것을 금기시하는 이유는 토끼가 쇼크와 저체온증에 약한 동물이기 때문이다. 이 당시에도 동물자유연대는 토끼의 생사를 확인해달라는 요청을 제작사와 방송국 측에 전달하였으나 KBS가 어떤 답을 했는지에 대해서는 자료가 없다. 당시 제작사인 JS 픽쳐스는 "토끼가 죽었는지 살았는지 여부에 대해 (동물자유연대에) 확인할 필요성을 느끼지 못하며, 확인하지 않을 방침이다"라는 답변을 내놓았다.[13]

8년의 시차를 두고 일어난 두 사건을 통해 드라마 촬영 환경에서의 동물 학대 논란과 방송사 및 제작사가 대처하는 방식의 차이를 들여다본다. 일련의 사건들을 거치며 동물권에 대한 우리의 인식이 아주 조금은 발전한 듯싶다. 최근에는 드라마에서 동물이 등장하는 회차의 시작 부분에서는 대부분 '본 드라마는 동물의 안전과 건강을 위해 철저히 준비된 환경에서 전문지도사의 관리 및 지

---

[13] 'KBS 드라마 〈연애의 발견〉 동물보호법 위반 혐의로 경찰에 수사 요청', 동물자유연대 보도자료, 2014. 8. 20.
www.animals.or.kr/sponsor/house/27975

도하에 촬영되었음을 밝힌다'라는 취지의 안내문을 살펴볼 수 있다. 단순히 논란을 피하기 위해서가 아니라 동물권의 차원에서 이러한 일이 필수라는 인식이 조금씩 자리 잡고 있는 것 같다. 여전히 갈 길이 멀겠지만, 이러한 전환의 움직임이 시작하기까지 무수한 노력을 기울였을 활동가와 관련 단체에 감사와 응원을 보낸다.

한편, 임성한 작가의 드라마에는 유독 행복한 견생을 누리는 반려견이 자주 등장한다. 〈오로라 공주〉에서 주인공 오로라는 아버지의 사업이 망해 하루아침에 가난뱅이가 되었을 때도 대형견 '떡대'를 포기하지 않고 그의 건강하고 쾌적한 생활 환경을 위해 최선을 다한다. 〈신기생뎐〉에서 주인공 아다모(성훈)의 아버지 아수라(임혁)의 지고지순한 사랑을 받는 개 '안드래'는 아수라의 품을 떠난 장면이 거의 나오지 않으며, 아수라의 아내 차라리(김혜정)는 안드래만도 못한 대우를 받는 자신의 처지를 늘 한탄한다. 이 외에도 판문호(김응수)의 첫사랑 이름을 딴 〈결혼작사 이혼작곡〉의 강아지 '동미', 이름부터 그의 권세를 보여주는 〈압구정 백야〉의 '왕비' 등… 임성한 드라마에 등장하는 견공들은 모두 '개팔자가 상팔자'라는 시쳇말이 육화한 듯한 유복한 견생을 누린다. 〈아씨 두리안〉의 '오이지' 역시 마찬가지다. 짧고 윤기 나는 황금빛 모질을 자랑하는 치와와 오이지는 〈아씨 두리안〉의 최대 빌런 중 하나인 며느리 이은성(한다감)을 비롯한 가문 모두의 지순한 사랑을 받으며 단씨 가문 내에서 높은 서열을 차지하고 있다.

그러나 대리석 바닥에서 연어와 망고를 먹으며 항상 유모차로만 이동해야 하는 오이지는 과연 행복할까? 미끄러운 바닥이 일부 견종의 발 건강에 좋지 않다는 사실은 많이 알려져 있다. 미끄러지지 않기 위해 평소보다 다리에 힘을 더 주고 걸어야 하는 강아지들은 관절염에 걸리기 쉽기 때문이다. 시판 연어의 염분과 망고의 당분 또한 그에게 좋을 리 없다. 게다가 오이지의 의견을 물어본 적은 없지만, 오이지는 '냉갈'[14]의 반려인이 밀어주는 유모차에서 내려와 친구들과 들과 산을 내달리고 싶었을지도 모른다. 첫 회와 마지막 회에서 몸이 아파 병원에 다니는 오이지를 보면, 안쓰러운 마음이 든다.

내용은 전혀 다른 것으로 알고 있지만, 김형경의 소설 『새들은 제 이름을 부르며 운다』[15]의 제목은 우리가 무언가의 이름을 짓는 데 있어서조차 얼마나 이기적이고 인

---

14 〈아씨 두리안〉에서 사람들이 이은성을 묘사하는 단어로, '냉랭한 얼굴'을 뜻한다.

15 김형경, 『새들은 제 이름을 부르며 운다』, 사람풍경, 2005

간중심적인지를 생각하게 한다. 왜 하필 우는 소리로 이름을 지은 것일까. 여간해서는 사람의 이름을 엉엉이나 징징이라고 짓지 않으면서 말이다. 그리고 새들도 우리처럼 슬퍼서 우는 게 맞기는 할까? 사람에게 좋은 방식으로 동물을 대하면 동물에게도 좋을 것이라는 발상 또한 여전히 그리고 다분히 인간중심주의적이다. 물론 동물을 학대하는 것보다는 당연히 낫지만.

어쩌면 우리는 무엇을 좋아한다고 말하면서 너무나 자기중심적인 방법으로 대상을 좋아하는 게 아닐까? 오이지의 견생이 행복한지 아닌지는 알 수 없고, 인간인 내가 과연 그것을 판단할 수 있는 능력이나 자격이 있는 존재일까 싶지만, 오이지가 전생에 무엇이었건 간에[16] 건강하고 행복한 현생을 천수대로 누리고 가시기를 바란다.

---

16 해당 연구는 〈아씨 두리안〉이 방영 중이던 때 진행되었는데, 시청자들은 오이지가 전생에 두리안의 시어머니가 아니었을까 추측하기도 했다.

임성한 드라마의 실어증과 함구증

사례 1. 〈하늘이시여〉

고아인 자신을 (타의로) 거둔 계모 밑에서 모진 구박과 가스라이팅을 견디며 살아가던 이자경(윤정희)은 운명 같은 사랑 구왕모(이태곤)를 만난다. 왕모의 지순한 사랑에 더불어 시모 지영선(한혜숙)에게 늘 그립던 어머니의 사랑까지 받으며 자경은 더할 나위 없는 행복에 잠시 안착한다. 뱃속에 아이까지 생겨 그 이상 바랄 것이 없다고 생각하던 때, 시어머니가 바로 자신을 낳고 버린 생모이며, 속죄를 위해 지극정성으로 기른 왕모를 의도적으로 자신과 결혼시켰다는 사실을 알게 된 순간, 자경은 함구증에 걸린다.

사례 2. 〈결혼작사 이혼작곡〉

남편의 외도를 용서하지 못한 어머니가 딸과 아버지와의 관계조차 끊어내는 바람에, 사피영(박주미)의 아버지는 하교 중인 딸을 길가에 숨어 몰래 바라봐야만 했고, 피영은 그런 아버지가 차에 치여 죽는 모습을 목격한다. 이후 어머니와 절연하다시피 살던 그는 어린 시절의 상처와 아버지에 대한 그리움을 남편 신유신(이태곤)의 너른 품에서 해갈한다. 잘나가는 라디오 PD라는 직업, 병원장 남편, 자애로운 시부모, 영특하고 선한 딸 지아와 함께 부러울 것 없는 삶을 살던 사피영. 연락을 피했던 어머니의 임종이 가까웠다는 소식에 황망히 달려간 병원에서 피영은 남편의 외도를 목격하고 그 무엇보다 먼저 언어를 잃어버린다.

사례 3. 〈신기생뎐〉

금이야 옥이야 애지중지 기른 아들이 웬 기생과 사랑에 빠진 것도 모자라 기생집 웨이터를 하고 있다는 사실을 알게 된 차라리(김혜정)는 앓아누워 말을 하지 못한다.

사례 4, 5. 〈아씨 두리안〉

어젯밤까지 베갯머리에서 사랑을 속삭였던 남편의 주검 앞에서 김소저(이다연)는 짧은 시간이지만 말이 나오지 않고, 그런 며느리와 함께 하루아침에 조선 시대에서 현대 서울로 타임슬립을 한 두리안(박주미) 역시 한동안 입을 열지 못한다.

평생 말과 글을 업으로 삼은 임성한 작가. 그는 마치 언어를 빼앗기는 것이 자신이 생각하는 가장 커다란 고통이라는 듯, 극도의 충격이나 슬픔에 빠진 사람들에게서 종종 언어를 앗아간다. 유독 비현실적일 만큼 극적인 상태를 자주 맞이하는 임성한 드라마 속 주인공은 왜 그 충격의 여파로 다름 아닌 말을 잃는 것일까?[17]

우선, 당사자가 당한 아픔과 충격의 크기가 너무 커서 언어로는 그것을 가늠하거나 받아들일 길이 없기 때문이라고 추측해볼 수 있다. 우리에게는 태어날 때부터 부여된 모어母語가 있는데, 이는 우리가 선택하거나 만들어낼 수 있는 것이 아니라 받아들이고 배워야만 하는 것이다. 보호자가 알아들을 수 있는 방식으로 필요한 것을 말해야만 생존할 수 있기 때문에, 아기는 모어를 배워서 그것으로 자신의 욕망을 표현하고 소통하기를 강요받는다.

제한된 팔레트 안에서 내가 원하는 것과 비슷한 색깔을 골라 사용하면서 점점 그것이 바로 내가 원하는 색이라고 생각하게 되듯이, 우리의 다양하고 다채로운 생각과 욕망 또한 정해진 언어 표현 안에서 주조된다. 그러다

---

17 이 글은 임성한의 작품 속 실어증 혹은 함구증에 대해 이야기한다. 그의 드라마에 대한 조사 자료를 기반으로 서술하고 있으나, 본 연구원이 '의학'에 대한 전문적인 지식을 갖지는 않았으므로, 어디까지나 시청자 개인의 수용과 판단 내에서 이루어진 분석임에 유의하기를 바란다.

가 도저히 기성의 언어에 담기 힘든 대상을 만나거나 감당할 수 없는 일을 겪는다면 어떨까? 거대한 해일 앞에서 도망치기를 포기하고 서서 그저 밀려드는 물을 바라보듯이, 거대한 충격 앞에서 그것을 알량한 언어에 담기를 포기하고 차라리 입을 닫게 될 수도 있는 것이다.

그런데 인물들의 증상은 실어증일까 함구증일까? 비슷해 보이지만 사실 실어증과 함구증은 서로 다른 상태다. 함구증은 심리적 충격이나 스트레스를 주된 원인으로 하는 장애로, 뇌의 분명한 손상에 따라 언어장애가 나타나는 실어증과는 다르다.[18] 콩기름 세안법이나 칫솔 딸기 세척법처럼[19] 본인이 알고 있는 정보를 드라마를 통해 시청자와 공유하기를 즐기는 임성한 작가는, 종종 극 중 의사 역할 배우의 입을 빌려 등장인물의 증상을 '실어증이 아닌 함구증'이라고 힘주어 정정하곤 했다.[20]

---

[18] 서울아산병원 정신건강 칼럼, 정신건강의학과 임상심리전문가 노은아의 글 중에서. 드라마에서 종종 등장하는 실어증은 사실 함구증으로 보는 것이 맞다는 견해가 포함되어 있다.
www.amc.seoul.kr/asan/depts/psy/K/bbsDetail.do?menuId=862&contentId=250604

[19] 둘 다 〈인어 아가씨〉에 등장했다.

[20] 대표적인 예로 〈하늘이시여〉에서 자경의 증세를 걱정하는 왕모에게 의사는 이렇게 말한다. "흔히 실어증으로 오해들 하시는데 이것은 '함구증'입니다."

그런데 사실 대부분의 함구증은 드라마 설정과 달리 주로 소아 혹은 자폐스펙트럼장애인에게서 나타나며, 청소년 이후 성인에게서 발현되는 경우는 매우 드물다고 한다. 또한 아직 함구증을 치료하는 정확한 방법이 밝혀지지 않은 데 비해 극 중 인물들의 증상은 언어를 초과하는 고통이었음에도 별다른 노력 없이 회복된다는 점에서 실제 사례와는 다르다.

그렇다면 혹시 인물들이 겪는 증상이 실어증일 가능성은 없을까? 실어증은 브로카 영역 혹은 베르니케 영역과 같은 뇌의 일부분이 망가져 생기는 병리적 질환이다. 즉, 그들의 심적 고통과 충격이 실제로 인물들의 뇌의 일부 영역을 물리적으로 망가뜨릴 정도로, 즉 실어증에 걸리게 할 정도로 강력했던 것이 아닐까?

'몸과 마음이 연결되어 있다'라는 표현은 비유적으로 자주 쓰이는데, 이는 과학적으로도 맞는 말이라고 한다. 실연의 고통을 덜어내는 데에 고용량의 타이레놀이 효과가 있다는 사실은 심리학이나 뇌과학에서 아이스브레이킹 단골 소재로 사용할 만큼 널리 알려져 있고[21], 우울, 소외, 실연 등으로 대표되는 심리적 고통이 실제로 우리

---

[21] 서은국, 『행복의 기원』, 21세기북스, 2014 등이 그 예다.

신체에 해를 가한다는 것은 현대 뇌과학의 발견 중 하나다.[22]

신경의학과 정신의학에서는 실어증을, "입으로 소리를 내는 구음 기관의 뚜렷한 기능 부전이나 의식의 혼탁 없이 언어 기능에 장애가 발생하는 증상으로 뇌의 병적인 변화로 인해 발생하는 언어장애"[23]로 정의한다. 극심한 정신적 고통이 실제로 뇌의 특정 부분에서 물리적 병변을 초래한다면, 등장인물들이 당한 충격이 인간의 뇌를 일시적으로 망가뜨릴 만큼의 큰 고통을 촉발했을 수도 있다.

앞선 세대 드라마 작가 김수현은 〈완전한 사랑〉(2003)을 통해 이별의 고통이 사람을 병리적 죽음으로 데려갈 수 있다는 사례를 이미 보여주었다. 투병 끝에 아내 하영애(김희애)를 떠나보내고 극심한 심적 고통 속에 있던 박시우(차인표)가 갑작스러운 뇌저동맥류 파열로 사망에 이

---

[22] 미국 UCLA 나오미 아이젠버거 교수팀이 집단 내에서 소외받을 때 뇌에서 어떤 일이 일어나는지 실험했다. 세 명이 공을 패스하는 비디오 게임을 하다 한 명을 소외시킬 때 소외 당사자의 뇌내 반응에 대한 실험이었다. 소외당한 사람의 뇌에서는 육체적 고통을 느낄 때 반응하는 '전대상피질'과 통증으로 인한 불편을 조절하는 '오른쪽 배쪽 전전두피질'이 활성화되었다. ('왕따 당하면 실제로 아프다고?', 브레인미디어, 2013. 01. 23 참고, www.brainmedia.co.kr/MediaContent/MediaContentView.aspx?contIdx=10747)

[23] 네이버 지식백과 '실어증(aphasia)'에서 발췌(서울대학교병원 의학정보)

른 것. 어떤 슬픔은 건강한 중년 남자의 머릿속을 물리적으로 터뜨릴 정도로 강력하다. 아마 임성한 작품 사례 속 인물들이 받은 충격 또한 시우가 당했던 슬픔에 비견할 만큼 고통스러웠을 테다. 실연을 당한 후 이명 증세에 시달리거나(송세진,《노화된 기술》, 2024), 배우자가 사망한 후 오래 지나지 않아 남은 사람도 사망할 확률이 높아지는 '미망인 효과 widowhood effect' 같은 예를 더 찾을 수도 있다. 극심한 스트레스는 만병의 근원이 되어 몸을 망가뜨리니, 등장인물들의 심적 고통 또한 이런 병리적 결과를 초래한 것이 아닌가 하는 추측이다.

그러나 임성한 드라마 속 인물들은 그리 길지 않은 시간이 지나면 다시 언어를 되찾는다. 생후부터 쌓아온 언어라는 기틀 전체를 흔드는 충격이 다소 금세 사그라진다는 설정은, 극 중 인물들이 겪는 함구증 혹은 실어증이 담고자 했던 아픔의 깊이를 대중이 온전히 받아들이기에는 다소 설득력이 부족하다. 이에 그들의 증상을 (굳이 작가의 말을 반박하면서까지) 실어증이라고 가정하기에는 어딘가 충분치 못한 기분이 든다.

결국 인물들이 왜 입을 닫게 되었는지, 그것이 정확히 어느 정도 강도의 심리적 고통에서 오는 어떤 증상의 발현인지는 사실 그 세계를 관장하는 작가만이 알고 있다.

그럼에도 임성한의 드라마에 실어증 혹은 함구증이 등장하면, 다음 날 어김없이 "또 나왔다"라며 지겹다는 식의 반응과 기사가 등장한다.

하지만 그런 시선을 조금 바꾸어보면 어떨까? 신체에 직접적이고 물리적인 변화를 일으킬 만큼 큰 위력을 가진 고통에 처했던 드라마 속 인물들을 좀 더 안쓰럽게 바라봐주는 것이다. 또 마침내 그 상태를 이겨내고 생을 살아내기 위해 다시 입을 여는 이들에게 질책이 아닌 응원과 위로를 보내는 거다. 직접 겪어보지 못한 상태에 대해서는 말을 아끼고, 우리 모두에게 몸과 연결된 약하디약한 마음이 있음을 기억할 때, 우리는 타인의 슬픔과 고통으로 한 걸음 더 가까이 다가설 수 있다.

인도인과 기러기: 온전하고 유연한 번역을 향해

나날이 번성하는 글로벌 OTT와 함께 많은 한국 드라마/시리즈가 국제적 인기를 누리고 있다. 이에 따라 전 세계 시청자에게 우리 극의 매력을 오롯이 전달할 번역의 문제가 생각거리로 떠올랐다.

대사의 번역도 물론 중요하지만, 우선 드라마의 첫 진입 장벽인 제목부터 살펴보고자 한다. 한국 드라마 제목을 영문으로 번역한 사례 중에는, 아마 처음부터 영어 제목을 함께 염두에 두었을 〈오징어 게임Squid Game〉(2021)이나 〈더 글로리The Glory〉(2017)처럼 국문과 영문 제목에 차이가 없는 경우가 있다. 그 낯 뜨거움까지 그대로 옮긴 〈아내의 유혹Temptation of a Wife〉 같은 직역도 있고, 오리지널 팬들이 다소 아쉬운 반응을 보인 〈여명의 눈동자 Years of Upheaval〉 같은 의역도 있다. 한편 영화 〈Musics and Lyrics〉(2007)의 한국판 제목인 〈그 여자 작사 그 남자 작곡〉을 패러디한 〈결혼작사 이혼작곡〉은 다시 〈Love(feat. Marriage and Divorce)〉라는 노래 제목의 형식을 딴 새로운 영어 제목으로 전 세계 시청자를 만났다.

한국 드라마가 번역되어 세계의 시청자를 만나기 훨씬 전, 1990년대에 시작된 소위 '미드 시대'에 수많은 해외 드라마가 국내에 소개됐다. 〈프렌즈〉(1994~2004),

〈섹스 앤드 더 시티〉(1998~2004), 〈프리즌 브레이크〉(2005~2017) 등 원제목을 소리 나는 대로 옮겨 적은 사례가 대부분이었던 데는 아마 정식 수입사 없이 많은 이들의 재능 기부로 번역이 이루어졌던 이유도 한몫할 것이다. 그러다 정식 수입원이 생기면서 미드에도 영화를 수입할 때처럼 한국식 제목이 지어지기 시작했다. '자포자기한/절망적인/필사적인 주부들' 정도의 의미일 〈Desperate Housewives〉(2004~2012)가 〈위기의 주부들〉이라고 번역된 것은 그나마 소극적 의역이고, 하이틴 드라마 〈13 Reasons Why〉(2017~2020)의 경우 〈루머의 루머의 루머〉라는 창의적인 의역 제목으로 국내에 소개되었다. 이 번역은 〈그 여자 작사 그 남자 작곡〉과 〈결혼작사 이혼작곡〉 간의 관계와 마찬가지로 서울 '합정지구'에서 열린 미술 전시 《미러의 미러의 미러》(이진실 기획, 2018)의 제목 짓기에도 간접적인 영향을 미치는 등 한국에서 새로운 갈래로 자생했다.

영화 제목의 경우 드라마보다 긴 수입의 역사만큼이나 다수의 유명한 오역이 존재한다. 우선 한 단어가 여러 의미를 가지고 있는 경우 골라잡기에 실패해 일어난 참사로는, '몰락의 전설' 정도의 의미였을 〈Legend of Fall〉(1994)을 〈가을의 전설〉로 번역하거나, '죽은 시인 협회'

를 뜻했을 〈Dead Poets Society〉(1989)를 〈죽은 시인의 사회〉로 옮긴 경우가 대표적이다. 〈I Spit on Your Grave〉(1959)를 〈내 무덤에 침을 뱉어라〉로 번역한 것처럼 아예 반대되는 오역을 한 사례도 다수다. 제목은 아니지만 영화 〈해리가 샐리를 만났을 때〉(1989)는 남성중심적 성관념을 가진 번역자가 동갑내기 단짝 친구 해리와 샐리의 대화를 각각 평어와 존대어로 번역하는 실수를 범하기도 했다.[24]

한류 열풍에 힘입어 드라마를 비롯한 수많은 K콘텐츠가 해외 관객을 만난 지 오래다. 이제 우리는 '해외 콘텐츠를 어떻게 잘 번역할 것인가'에 대한 문제에서 나아가 '우리의 콘텐츠를 어떻게 정확하고 유려하게 번역해 소개할 것인가'를 고민해야 한다. 가령 〈폭싹 속았수다〉의 명대사 "너 며느리가 나 며느리보다 위다"를 보자. 제주 방언과 말장난이 섞인 이 대사는 극 중 여러 상황에서 다양하게 응용되며 삼대에 걸쳐 복잡하게 얽힌 시집살이와 여성 연대를 함축한다. 호불호는 갈렸으나 충격만은 확실했던 박해영 작가의 명대사 "날 추앙해요"(〈나의 해방일지〉), 자기도 이 감정이 대체 뭔지 아직도 파악이 되지 않는 당황스러움이 배어 있는 "나 너 좋아하냐?"(〈상속자

---

[24] 듀나, 『가능한 꿈의 공간들』, 「그녀는 그에게 존대를 합니다」, 씨네21북스, 2015, 94~95쪽

들〉)를 어떻게 번역하면 좋을까? 임성한 작가의 〈아씨 두리안〉에서 두리안의 지아비는 자신이 아이를 가질 수 없다는 사실을 '정청여수精淸如水', 즉 정액이 물과 같다는 비유적 표현으로 넌지시 고백했다. 이 흐르는 물 같은 표현을 대체 어떻게 번역했을지 궁금하다. 수많은 드라마의 여러 번역을 모두 확인할 수는 없었지만, 번역의 중요성과 그 어려움은 절실히 짐작할 수 있었다.

2022년 큰 호평을 받고 선풍적 인기를 끌며 31개 언어로 번역 수출된 〈이상한 변호사 우영우〉의 경우, 전 세계에 우영우라는 인물을 더 잘 소개하기 위해 번역에 고심한 흔적이 느껴진다. 자폐스펙트럼장애를 가진 우영우는 자기소개를 할 때 "똑바로 읽어도 거꾸로 읽어도 우영우. 기러기, 토마토, 스위스, 인도인, 별똥별, 우영우"라고 말한다. 번역자들은 이를 각 나라 언어의 회문回文, 즉 뒤집어도 똑같은 문구나 낱말을 적절히 이용하여 전달했다. 예컨대 영미권에서는 kayak, noon, racecar, 일어는 キツツキ, トマト, スイス, 브라질 포르투갈어로는 casaca, careca 등을 사용했다. 이 외에도 우영우는 드라마에 등장하는 숱한 아재 개그를 각 나라 언어의 발음과 특성에 맞춰 적절히 번역했다는 찬사를 받았다.[25]

---

[25] '우영우를 월드 드라마로 만든 멋진 번역들', 한국일보, 2022. 8. 4. www.hankookilbo.com/News/Read/A2022081213460005863

2025년 3월 공개되어 전 세계에서 큰 인기를 누리고 있는 〈폭싹 속았수다〉는 그 내용만큼이나 아름다운 제목 번역으로 화제다.[26] 이 제목은 우선 국내에서도 한 차례 번역이 필요하다. 제주 방언을 모르는 이에게는 '완전히 속았다', '된통 당했다' 정도로 읽힐 이 표현이 마지막 회에서 밝혀진 바 실은 '정말 고생 많았다'라는 따뜻한 격려라고 하니 말이다. 그렇기에 국외 판에서는 두 의미 사이의 낙차까지도 반영할 수 있는 번역에 유독 공을 들인 듯하다.

영어 제목 'When Life Gives You Tangerines'는 '인생에 어려움을 맞은 때'를 뜻하는 'When life gives you lemons'에서 레몬을 제주 특산품인 귤로 변형했다. 60년 4대에 걸친 인생의 질곡을 사랑과 긍정을 통해 달콤함으로 바꾸어내는 인물들의 삶을 탁월하게 은유한 제목으로 보인다. 영어권에서 'When life gives you lemons' 뒤에는 'make lemonade'라는 구절이 생략되어 있다. '삶이 준 어려움을 이용해 좋은 것을 만들라'는 이 경구는 어머니와 막내아들의 생명을 앗아간 바다를 통해 가족들과 살아갈 굳건한 토대를 마련하는 주인공 오애순의 삶을 상징하는

---

[26] 이어지는 내용은 다음 기사를 참조했다. '제주 방언 '폭싹 속았수다', 해외에서는 어떻게 번역했을까?', 아이뉴스24, 2025. 3. 14. www.inews24.com/view/1823333

것 같다.

대만에서는 이 드라마를 '苦盡柑來遇見你', 우리 식으로 읽으면 '고진감래우견니'라고 쓴다. 우리나라에서도 자주 쓰는 '고생 끝에 낙이 온다'는 사자성어 '고진감래^{苦盡甘來}'에서 '달 감^甘' 대신 '귤 감^柑'자를 사용했다고 한다. 드라마 전체 내용을 암시하면서도 향긋한 제주의 과일을 떠올리게 하는 좋은 제목이다.

가장 인상적인 것은 태국판 제목 'ยิ้มไว้เมื่อส้มไม่หวาน'이다. '귤이 달지 않은 날에도 웃자'라는 뜻의 이 압축적인 표현은 셋째 아이 동명을 잃고도 남은 아이들에게 죄책감이 남지 않도록 애써 웃어보는 애순(아이유)과 관식(박보검), 오랜 연인과 헤어지고도 아버지와 함께 일출의 낭만을 즐겨보는 금명(아이유), 심지어는 어촌 계장 선거에서 떨어진 후 상대편 애순의 당선 잔치에서 음주를 즐기는 (극의 거의 유일한 악역) 상길(최대훈)마저 떠오르게 하니 말이다.

내가 좋아하는 것을 다른 이에게 소개하는 날이면 유독 그것의 대변자가 된 듯 말 한마디 한마디에 공을 들인다. 어떤 때에는 누군가가 좋아하는 책이나 드라마에 대해 설명해주는 것을 듣는 게 실제보다 더 흥미진진하고 재미있을 때도 있다. 번역도 이와 비슷하지 않을까? 번역가 홍한별은 번역의 미덕에 대해 "타자의 언어와 나의 언어가 포개어지고 간섭이 일어날 때 아롱거리는 무늬가 언어에 아름다운 흔적으로 남는다"라고 표현한다.[27] 완벽한 번역이란 있을 수 없지만, 좋은 것을 잘 소개하기 위한 번역이 온전하면서도 유연할수록, 아롱거리는 무늬가 생겨날수록 시청자의 감동과 이해의 폭은 정비례로 높아질 것이다. 감독과 작가와 배우에게 바톤을 건네받은 번역작가들은 오늘도 사명감으로 극의 의미와 말맛을 옮기고 있다.

---

[27] 홍한별, 『흰 고래의 힘에 대하여』, 위고, 2025, 177쪽

소주는 소주잔에 맥주는 맥주잔에

캐스팅은 드라마에 얼마나 영향을 미칠까? 2001년부터 2002년까지 선풍적 인기리에 방영되었던 대하사극 〈명성황후〉는 극의 완성도와 배우들의 연기력에 미치지 못하는 방송사의 안일한 실수가 옥의 티였던 드라마다. 애초에 100부작으로 기획된 드라마의 주연 이미연 배우와 총 80회 계약만 맺고 방영을 시작한 것이 문제였거니와, 30퍼센트에 육박하는 시청률을 기록하며 인기를 얻자 124부작으로 중도 전환했던 것. 여러 가지 이유로 이를 받아들일 수 없었던 이미연 배우는 중도 하차로 불리는 일종의 계약 만료 퇴사를 했으며, 그 역할은 황급히 최명길 배우로 교체되었다.

당시 갓 고등학교를 졸업하고 여러 학문의 껍질만 급히 핥기 시작했던 필자는, 이미연이 연기하던 역할을 어느 날 갑자기 최명길 배우가 연기하는 것을 보고 '드라마 캐릭터란 언어처럼 약속된 기호가 아닌가?' 생각했다. 명성황후 역할이 당연히 이미연이어야 하는 것은 아니었다. 시청자와 드라마 사이의 자의적 약속이었던 '이미연=명성황후'가 '최명길=명성황후'라는 새로운 약속으로 덮어씌워진 것이다.[28] 마치 어느 날부터 짜장면을 자장면이라 불러야 했다가 다시 어느 날부터 둘 다 불러도 된다고 새로 약속하듯이 말이다.

 이 밖에도 드라마에서 중간에 배우가 교체되는 경우는 많았다. 대하드라마 〈대왕의 꿈〉(2012)에서 선덕여왕 역을 맡았던 박주미 배우가 교통사고로 하차하자 홍은희 배우가 그 역할을 이어간 바 있고, 〈당신은 너무합니다〉(2017)에서 구혜선 배우는 정해당 역할을 맡아 열연을 펼쳤지만, 촬영 도중 어지럼증과 간헐적 호흡 곤란 증세를 보여 병원 응급실로 실려 갔고, 심각한 알레르기성 소화 기능 장애 판단을 받아 3주 만에 장희진 배우가 긴급히 교체 투입되어 극을 이어나갔다.

 1995년부터 1996년까지 방영했던 시트콤 〈LA 아리랑〉에서 김유미 역할을 연기하던 송나영 배우가 이아현 배우로 교체될 때, 프로그램 말미에 주인공인 김 변호사(김세윤)가 직접 다음 회차부터 배우가 바뀐다고 설명하며 새 배우를 소개하여 소격효과[29]를 몸소 보여주기도 했다. 이런 일을 만날 때면 시청자는 다소 어색하지만 배우들의 건강과 안녕을 바라며 새로운 배우가 훌륭한 기표로

---

28 문근영 배우가 8회까지 아역을 맡았던 것은 논외로 한다.

29 관객이 배우의 연극에 몰입되지 않아야만 비판적인 자세를 취할 수 있다는 주장에서 나온 개념으로 베르톨트 브레히트가 주창했다. 배우가 관객에게 말을 걸거나 관객 사이로 걸어간다거나, 앞으로 전개될 내용을 요약해주는 등의 방식으로 무대와 관객을 격리했다.

서 캐릭터를 온전히 담아내기를 기원하고, 새로운 약속에 적응하는 것 외에는 별도리가 없다.

그러나 2022년 종영한 〈결혼작사 이혼작곡〉은 도가 좀 지나쳤다. 시즌이 바뀌면서 주인공 중 두 명, 주·조연 한 명, 총 세 명의 배우가 한꺼번에 교체되었으니 말이다. 심지어 이들의 경우 교체가 불가피하거나 건강 문제의 이유도 아니었기 때문에, 서사 중간에 인물과 인물에 대한 해석이 달라져버린 데 대한 아쉬움이 더 컸다.

120센티미터짜리 만새기를 수월하게 낚아 올리며 어떤 생선이든 능숙하게 칼질하는 스크린 밖 이태곤 배우의 모습이 겹치며 '능숙'이라는 단어가 육화된다면 이 사람일까 싶었던 신유신은, 능숙보다는 능글이나 능청에 연기의 주안점을 둔 듯한 지영산 배우로 바뀌며 캐릭터 자체가 달라져버렸다. 백치미도 '미美'라는 것을 입증하는 자신만의 판사현을 연기한 성훈 배우는 현실 어느 로펌이나 한 명쯤 있을 것만 같은 리얼리즘에 주력한 강신효 배우로 교체되었다. 무엇보다도 '원조'〈결혼작사 이혼작곡〉에서 계모와 아들 지간인 김동미와 신유신 사이의 미묘하고도 일방적인 로맨스와 이를 재현하는 방법은 거의 김기영 감독의 영화를 보는 듯했는데, 김동미 역할이 김보연 배우에서 이혜숙 배우로 바뀌면서 이들 간의 치정은 오간 데 없이 사라져버리고 말았다. 제작진은 이미 방영된 회차를 회상하는 장면까지 새로운 배우로 다시 찍는 등 일말의 성의를 보여주었으나, 시청자의 혼란을 메우기에는 역부족이었는지 시즌 3부터 이들은 주역이라는 타이틀을 주기 민망할 만큼 급속도로 비중을 상실했다.

지영산 배우는 임성한 작가의 다음 작품인 〈아씨 두리안〉에서 단치정 역할로 캐스팅되어 놀랍도록 치졸한 연기와 병약한 매력을 폭발시키며 훨훨 날아다녔다. 그 모습을 보면서 지영산이 〈결혼작사 이혼작곡〉의 신유신으로서 날개를 펴지 못한 것은 그의 탓이 아니라는 확신이 들었다. 그에게 맞는 날개옷이 여기 따로 있었던 것이다. 어느 그릇에 담아도 소주는 소주이고 맥주는 맥주이지만, 소주는 소주잔에 맥주는 맥주잔에 마시는 이유가 다 따로 있지 않겠는가.

드라마 밖은 상황이 조금 다르다. 같은 작품이 다시 상연되는 일이 많고, 처음부터 더블캐스팅인 사례가 잦은 연극이나 뮤지컬의 경우, 한 역할을 서로 다른 배우가 연기하는 것이 어색하기보다는 '○○이 연기하는 ○○'과 '○○이 연기하는 ○○'을 비교하는 것까지 관극의 즐거움 중 하나로 꼽힌다. 그러나 이 경우에도 하나의 극이 흘러가는 중간에 배역이 바뀌는 경우는 (필자가 아는 범주에서) 없었으며, 행여 있다고 해도 극의 몰입도 면에서 이는 부득이할 수는 있어도 절대로 좋은 선택일 수는 없다.

페터 빅셀Peter Bichsel의 단편소설『책상은 책상이다』[30]에서 주인공은 모두가 당위 없이 이전에 그렇게 불렀다는 이유만으로 책상을 책상으로, 오렌지를 오렌지로 부르는 것에 대항하여 자기만의 어휘 체계를 만들어간다. 그리하여 사람들은 그의 책상을 사진이라 부르고, 그의 거울을 사진첩이라고 부르게 되었다. 남자는 다른 사람들의 얘기를 듣고 있으면 도저히 웃음을 참을 수 없을 정도가 된다. 그러나 즐거움도 잠시, 그는 아무와도 이야기를 나눌 수 없게 되어 고독의 동굴 속으로 들어가고 만다.

아무리 '신유신'을 담는 그릇은 이태곤이 될 수도 지영산이 될 수도 있다 한들, 그러한 일종의 바꿔 부르기 속에서 시청자와 드라마는 대화에 실패하고 결국 고독의 동굴 속으로 들어가게 되어버리는 게 아닐까? 정말 드라마의 완성도가 염려되어서 하는 말이지, 이태곤의 신유신이 그리워서 하는 말은 아니다. 맞다.

---

[30] 페터 빅셀, 『책상은 책상이다』, 이용숙 옮김, 위즈덤하우스, 2018

막장의 황야인가 40대 여배우의 운동장인가:
김순옥 작가의 용병술

원조 교제, 교내 출산, 아동 학대. 드라마 〈7인의 탈출〉(2023)은 듣기만 해도 충격적인 소재 때문에 방송 2회만에 방송통신심의위원회에 9건의 민원이 접수[31]되며 시청자 항의를 받았다. 김순옥 작가는 전작인 〈펜트하우스〉(2020~2021)의 과도한 청소년 폭력 묘사, 〈황후의 품격〉(2018~2019)의 임산부 성폭행, 동물 학대 등 가학적이고 폭력적인 장면들로 법정 제재까지 받은 바 있었다. 그는 온갖 논란에도 불구하고 〈7인의 탈출〉의 시즌 2 격인 〈7인의 부활〉(2024)을 최신작으로 선보였다.

민소희(장서희) 열풍을 일으킨 전설의 드라마 〈아내의 유혹〉(2008)으로 이름을 알리기 시작한 김순옥 작가는 〈왔다! 장보리〉(2014), 〈언니는 살아있다!〉(2017), 〈황후의 품격〉을 거쳐 〈펜트하우스〉까지 높은 시청률로 승승장구하며 흥행을 보증해왔다. 김순옥은 그의 드라마를 매일 보고 싶다는 소망과, 그의 드라마가 방영됐던 수요일

---

[31] 이후 방송통신심의위원회의 만장일치로 법정제재인 '주의'를 받았다. 방심위 결정은 '문제 없음', 행정지도 단계인 '의견 제시'와 '권고', 법정 제재인 '주의', '경고', '프로그램 정정·수정·중지나 관계자 징계', '과징금' 등으로 구분된다. 법정 제재부터는 방송사 재허가·재승인 시 감점 사유로 적용되는 중징계다.

과 목요일이 순식간에 지나간다는 뜻을 담은 유행어 '월화순옥금토일'[32]의 주인공이기도 했다.

그러나 한편으로 김순옥의 드라마는 도를 넘은 자극적인 설정과 계속하여 등장하는 비윤리적 장면 때문에 자주 논란이 일었다. 인기와 시청률과는 별개로, 아무리 기준을 느슨하게 잡더라도 임계점을 넘어선 것이 분명한 그의 드라마는 소위 말하는 '막장'의 상징이 되어버린 것이다.

몇 해 전 〈펜트하우스〉의 몇몇 장면과 결말을 보고 잔뜩 체하는 바람에 아직도 틈만 나면 엄지와 검지 사이를 주무르던 필자는 〈7인의 탈출〉 방영 소식에 덜컥 겁이 났지만 드라마 연구회의 일원으로서 사명감을 가지고 시청을 시작했다. 도입부부터 악하고 천한 인물들이 스크린 너머로 뿜어대는 맹독을 가까스로 견디며 시청을 이어가야 했다. 그런데 시시각각 태세를 바꿔가며 친딸에게 가스라이팅과 모진 소리와 물리적 폭력을 퍼붓는 황정음 배우의 얼굴을 보던 중 문득 '반가움'이라는, 무척이나 당혹스러운 감정이 들었다.

---

[32] 수목드라마 〈황후의 품격〉 때 만들어진 말이다. 같은 시기에 방영한 금토드라마 〈SKY 캐슬〉의 인기와 결합되어 '월화순옥캐슬일'이라고도 불렸다.

커리어의 정점에서 〈그녀는 예뻤다〉(2015)로 한국방송대상 연기자상을 수상한 황정음 배우는 그다음으로 출연한 세 편의 드라마에서 모두 3퍼센트 언저리의 시청률로 고전했고, 이후 3년은 출산과 함께 공백기를 보냈다. 두 번의 출산을 겪고 40대를 앞둔 여성 배우에게 연이은 부진과 공백의 무게가 그리 가볍지만은 않았을 테다. 여기에 생각이 가닿는 순간, 〈7인의 탈출〉 1화에서 친딸의 얼굴을 주먹으로 일갈하며 단전에서부터 끌어 올린 소리를 지르던 금라희의 독기 뒤에서 황정음의 지난 시간과 절치부심이 엿보이며 반가움이 솟아난 것이다!

이 당혹스러운 반가움이 어쩐지 익숙하다는 데 생각이 미치자, 그간 비슷한 감정을 불러일으켰던 얼굴들이 떠올랐다. 바로 김순옥 작가의 전작 〈펜트하우스〉에서 오랜만에 다시 만난 김소연, 이지아, 유진 배우, 〈황후의 품격〉의 장나라, 신은경 배우, 그리고 〈언니는 살아있다!〉의 장서희, 오윤아 배우, 그들의 얼굴이었다.

1994년 아역으로 일찌감치 커리어를 시작한 만큼 전성기도 일찍 구가한 김소연 배우는 2015년부터는 주로 '특별 출연' 형식으로만 시청자를 만날 수 있었다.[33] 이후 다

---

[33] 2015년 MBN드라마 〈고품격 짝사랑〉 목소리 특별 출연, 2016년 MBC드라마 〈한번 더 해피엔딩〉 1회 특별 출연, 2017년 MBC드라마

수의 주연이 등장하는 주말극에 출연하기도 했으나 이렇다 할 두각을 보이지 못하던 그는 2020년 김순옥 작가에 의해 분한 전례 없는 악역 천서진으로 SBS 연기대상을 거머쥔다. 〈부탁해요 엄마〉(2015~2016) 이후 긴 휴식기를 갖다가 〈펜트하우스〉를 통해 5년 만에 돌아온 유진 배우도, 2008년 제44회 백상예술대상에서 신인상을 수상한 뒤 무려 13년 만에 〈펜트하우스〉를 통해 최우수연기상을 수상한 이지아 배우도 모두 김순옥 작가가 아니었다면 언제 다시 만났을지 모를 얼굴들이다. 나무위키에 '사건 사고' 별도 문서가 있을 정도로 개인적 부침과 논란이 많았던 신은경 배우에게 대체 불가능한 연기력으로 '악마의 재능'이라는 별명을 지어준 것도 김순옥 작가의 〈황후의 품격〉이었다. 〈사랑찬가〉(2005)의 쓸쓸한 조기 종영 이후 3년 만에 다시 맡은 주연으로 장서희 배우를 전설의 반열에 올리고, 만년 조연이었던 김서형 배우에게 오늘의 독보적 위치를 부여한 것 또한 바로 그의 드라마 〈아내의 유혹〉이었다.

"막장 드라마는 의외로 배우에게 굉장한 연기력을 요하는 장르이다. 배우 스스로도 납득하기 어려운 황당한

〈보그맘〉 9, 11회 특별 출연, 〈20세기 소년소녀〉 31, 32회 특별 출연.

전개와 밑도 끝도 없는 분노, 소리 지르기, 몸싸움을 매번 하면서도 어떻게든 시청자에게 받아들여질 정도로 전달해야 하기 때문. 배우가 감정에 몰입할 빌드업조차 하지 않고 갑작스럽게 감정을 폭발시키기를 원하는 것이 막장 드라마 대본의 특징이다. 이걸 해내려면 결국 연기력 있는 좋은 배우여야 한다."[34]

김순옥 작가가 구가하는 절호의 용병술은 쩌렁쩌렁하게 폭발시킬 응축된 연기가 필요한 작가와 긴 공백의 시간에 절박함을 키운 배우들 사이의 윈윈Win-Win 전략일지 모른다. 여하튼 김순옥 작가가 한국 드라마에서 점점 주연을 맡기 어려워지는 30대 후반~40대 여성 배우들을 벼려, 계속해서 강력함을 갱신하는 캐릭터를 부여해왔다는 사실만은 부인할 수 없다.

〈7인의 탈출〉에 대한 잇따른 민원 접수 소식과 그 원인이 되는 장면들을 외면하고 40대 여성 캐릭터에 대한 반가움으로만 드라마를 시청하기에는 어쩐지 마음이 무겁다. 하지만 이와 동시에 배우들이 긴 시간 부단히 쌓아온 연기력을 마음껏 폭발시킬 수 있도록 너른 운동장을 제공하는 김순옥 작가의 드라마를 마냥 막장이라는 말

---

[34] 나무위키 '신은경'의 각주 내용을 인용했다.

로 덮어버리고 싶지도 않다. 그의 다음 드라마에서 또다시 반가운 얼굴을 조금은 편안한 설정으로 만날 수 있기를 염원한다. 필자는 졸고 『아무튼, 아침드라마』에서 광산 노동자의 삶의 터전인 '막장'을 드라마를 비하하는 수식어로 사용하지 말자고 한 바 있다. 이에 대한 생각은 여전히 같으나, 김순옥 작가에 대한 세간의 다면적 평가를 강조하기 위해 이번 글에서 부득이 해당 표현을 다수 사용하였다. 독자들의 너른 양해를 부탁드린다.

끝이 보이지 않았던 그리움:
한국 의학 드라마 연대기

'한국 최초의 메디컬 드라마'를 실시간으로 관람했다니, 다시 한번 내 나이를 체감한다. 우리나라 최초의 의학 드라마로 39퍼센트에 육박하는 시청률을 달성하며 대한민국 역대 드라마 시청률 100위 안에 안착한 드라마. 이재룡, 신은경, 구본승, 김지수, 전광렬, 박소현, 홍리나 등 당대 최고의 배우들이 3년에 걸쳐 92화에 달하는 분량을 소화했던 드라마. 12년 만이지만 2008년 〈종합병원 2〉가 만들어지면서 당시 우리나라로서는 매우 드문 시즌제 혹은 후계 드라마로 자리매김했던 드라마. 모두 〈종합병원〉(1994~1996)을 수식하는 말이다.

당대 최고의 엘리트 의사 백현일을 연기했던 전광렬 배우가 후일 조선 최고의 명의 〈허준〉(1999)으로 거듭나고, 주 배경지가 응급의학과였던 이 드라마의 촬영지인 아주대학교병원이 훗날 현실에서 이국종 교수가 이끄는 한국 응급의학의 대표 병원으로 현현하고, 이국종 교수를 모델로 삼은 〈중증외상센터〉(2025)가 최신 의학 드라마로 크게 인기를 끌었으니, 〈종합병원〉은 여러모로(?) 한국 의학 드라마의 세계관에 기여한 바가 크다고 볼 수 있다.

〈종합병원〉을 시청할 당시 열한 살이던 나는 레지던트

김도훈(이재룡)을 짝사랑하는 간호사 주경희(김지수)의 애달픔도 충분히 헤아리지 못했고, 동시에 저렇게 아름다운 사람이 자신을 좋아하는데도 다른 곳만 바라보는 김도훈의 입장도 마냥 야속하기만 했다. 늑막염과 두 번의 결핵도 버텨냈으나 친구 언니가 아픈 것을 보고 갑자기 휴직을 선택하는 이정화(신은경)의 심경은, 30년이 지나 가까운 친구가 비슷한 일을 겪고서야 비로소 와닿았다.

이제는 스토리와 인물 간의 관계 모두 희미해졌지만, 아직도 내게 선명한 것은 이 드라마의 OST 「혼자만의 사랑」이다. 김태영의 목관악기 같은 목소리와 가사와 멜로디, 그리고 주말이 끝났다는 신호가 서로 앞다투며 절절했던 이 곡이 흘러나오는 일요일 밤이 되면 어린 가슴이 한없이 무겁게 내려앉았다. 종합병원의 대규모 의료진이 합심해서 아픔을 치료하는 에피소드 말미에 '아픔은 혼자만의 몫인걸'이라고 처연히 되뇌는 역설적인 노랫말은 몇 번이고 나를 사춘기가 막 시작되던 시절의 주말 밤으로 돌아가게 한다.

〈종합병원〉 종영 이듬해 시작한 〈의가형제〉(1997)는 리즈 시절 장동건이 해외 연수에서 막 돌아온 트렌치코트 차림으로 응급실에 실려 온 기흉 환자의 가슴에 구멍을 뚫는 장면으로 시작했다. 마치 누군가를 죽이는 것처럼 가슴에 뾰족한 것을 박아버리고, 모두가 경악하는 가운데 그 덕에 환자가 오히려 살아나는 설정은 〈의가형제〉뿐만 아니라 흉부외과를 배경으로 한 의학드라마 〈뉴하트〉(2007~2008)를 비롯한 수많은 의학 드라마에 등장했고, 2025년의 〈중증외상센터〉에서까지 활용되는 단골 소재지만, 몇 번을 보아도 짜릿한 것을 보면 클리셰가 아니라 클래식일지도 모르겠다.

아무리 병원장 할아버지, 의사 아버지 밑에서 형제 모두가 의사이고 삼촌은 원무과장이라고 해도 어머니와 여동생은 의사가 아닌데 '의가醫家'라고 해버린 것이 영 못마땅했지만, 친어머니가 이 '의가'의 기만에 목숨을 잃었다는 사실을 알게 된 김수형(장동건)의 빠른 복수극과 더 빠른 폐암 발병, 쉴 틈 없는 사망과 장기 기증으로 드라마는 마뜩찮을 새도 없이 흘러갔다. 지금 보아도 숨 가쁜 전개와 더불어, 기아자동차에서 출시한 노란색 '엘란' 스포츠카를 타고 다니던 김수형과 그의 연인 차민주(이영애), 형 김준기(손창민)의 기쁜 젊은 날이 청연하다.

연이은 의학 드라마의 성공에 힘입어 바로 다음 해에 방영한 〈해바라기〉(1998~1999)는 우리나라 의학 드라마 역사상 가장 높은 시청률을 기록했다. 장현우 역의 안재욱과 한수연 역의 김희선이 주연 배우로 열연했지만, 사랑스러운 삭발 투혼을 벌였던 문순영 역의 김정은과 그의 상대역 허재봉으로 분한 차태현이 인상적이었다. 〈종합병원〉의 「혼자만의 사랑」을 방불케 하는 기념비적인 OST, 임재범의 「사랑보다 깊은 상처」는 아직까지도 회자되는 곡이다. 아픔은 혼자만의 몫이라더니 이번에는 사랑보다 상처가 깊다니…. 의학 드라마 OST 가사에는 어떤 규칙이라도 있나 싶다.

이후 〈깁스 가족〉(2000)과 〈메디컬 센터〉(2000~2001)의 부진으로 제작이 주춤해졌던 의학 드라마는 〈하얀 거탑〉(2007)으로 화려하게 돌아왔다. 탁월한 실력과 불타는 권력욕을 가진 외과 의사 장준혁(김명민)과 외과장 이주완(이정길), 또 다른 실력파 노민국(차인표), 부원장 우용길(김창완) 사이의 징그러운 암투부터, 권력 유지를 위해 실수를 감추려는 장준혁과 신념에 따라 환자 편에 서는 최도영(고故 이선균) 사이의 우정과 갈등, 의료 소송을 둘러싼 양심과 이기의 용호상박, 한국 드라마 역사상 가장 강력한 환기력을 가졌다 해도 과언이 아닌 BGM, 이렇다 할 러브 라인이 없이 사건과 정치만으로 끝까지 전개되는 기계식 시계 같은 역학까지. 모든 것이 이 드라마를 새롭고 세련되게 느끼도록 하는 강점이었다.

2007년은 내가 직장생활을 시작한 첫해였는데, 의사로서의 실수를 고백하는 유서가 아니라 시신 기증 의사와 항소 사유서를 남기고 생을 마감하는 장준혁의 모습이 당시 나로서는 좀 뻔뻔하게 느껴졌다. 그러나 긴 사회생활을 거치며, 한 그릇의 억울함에서 부끄러움 몇 방울을 슬며시 덜어내는 데 꽤 능숙해져버린 지금 드라마를 다시 보니, 젊은 이선균 배우와 그가 연기한 최도영의 눈빛이 사뭇 그립고 가슴 아프다.

장준혁 과장이 간담췌외과 전문의였기에 〈하얀 거탑〉에는 해당 분야의 수술 장면과 환자들이 많이 등장했다(심지어 장준혁 본인도 담관암으로 죽었다). 이후로는 〈종합병원〉류의 드라마보다 〈하얀 거탑〉처럼 한 분야의 병동을 집중해서 다루는 드라마가 많아졌는데, 흉부외과를 배경으로 한 〈외과 의사 봉달희〉(2007)와 〈뉴하트〉, 제목이 곧 내용인 〈산부인과〉(2010), 신경외과 의사들의 이야기 〈브레인〉(2011), 응급외상센터의 현실을 심도 있게 조명한 〈골든 타임〉(2012) 등이 그 예다. 이쯤 되니 의학 드라마를 너무 많이 보기도 했거니와 응당 '의사들이 연애하는 드라마'라며 넘겼던 서사의 아쉬움은 뒤로 하더라도, 병원을 배경으로 한 복수극(〈크로스〉, 2018)이나, 주요 인물들이 우연히도 모두 심장에 문제가 있다는 설정의 스릴러(〈흉부외과: 심장을 훔친 의사들〉, 2018) 등 의학 드라마라기에는 다소 경계에 선 드라마가 많아지면서 의학 드라마라는 장르에 대한 개인적 관심이 다소 엷어져갔다.

한편, 내가 태어날 무렵 미국으로 이민 갔던 큰외삼촌이 가끔 한국에 들를 때마다 입버릇처럼 뱉던 미국 사랑은 어린 나를 뾰로통하게 만들곤 했다. 반가운 동기간을 맞으려고 신경 써서 준비한 엄마의 고기반찬도 외삼촌의 말로는 '미국 고기에 비하면' 퍽퍽했고, 늘 1~2등을 다투던 동생의 실력도 '미국 공부에 비하면' 우물 안 개구리였다. 우리 동네에서 제일 유명한 제과점에서 사온 치즈 케이크도 '미국 케이크에 비하면' 밀가루 빵일 뿐. 하물며 평범하디평범한 나의 어떤 점이 미국 아이들에게 비길 수 있었을까!

하지만 욕하면서 닮는다더니, 2010년대에 이르러 〈그레이 아나토미〉(2005~)[35], 〈닥터 하우스〉(2004~2012) 등 해외 의학 드라마의 세례를 뒤늦게 받은 나는, 그간 너무나 재미있게 보았던 의학 드라마들이 '미국 드라마에 비하면' 수술 장면의 현실감도 떨어지고 인물 사이의 관계도 평평하다고 느끼기 시작했다. 그 후 여러 한국 의학 드라마들의 방영 소식을 접하면서도 마음이 썩 내키지 않아 한두 편 보려다가도 그만두기 일쑤였다. 같은 이유로 시즌 1을 무심히 지나쳤던 〈낭만닥터 김사부〉 시즌 2(2020)를 만나기 전까지는 말이다.

---

[35] 2024년 시즌 21을 방영하며 지금까지 계속되고 있다.

엄마와 동생이 매주 〈낭만닥터 김사부〉를 보면서 가슴 졸이며 걱정하던 '돌담병원'의 미래를 도통 함께 응원하지 못하던 어느 날, 이 드라마에서 냇킹콜Nat King Cole의 「Smile」(1954)이 흐르는 걸 들었다. "Smile, though your heart is aching, smile, even though it is breaking" 가슴이 아파도 부서져도 웃으라니. 작중 상황은 알 수 없었으나, 의학 드라마에서 들리는 역설적 가사에서 오랜만에 반가움을 느끼고 말았다.[36]

알고 보니 나만 몰랐던 〈낭만닥터 김사부〉는 2017년 대한민국 콘텐츠 대상과 2016년 SBS 연기 대상(한석규 배우)을 받았고, 선풍적 인기에 힘입어 계획에 없던 시즌 2와 시즌 3이 이례적으로 제작되었으며, 서현진, 유연석, 이성경, 안효섭 배우를 주연급으로 확실히 자리매김하게 만든 드라마였다. 게다가 시즌 1에서는 대리 수술 문제, 시즌 2에서는 의료 불균형과 리베이트, 시즌 3에서는 의료적 결정과 응급외상센터 부족 등, 의료와 관련된 시의적이고 윤리적인 문제를 두루 살피고 있었다. 여기에 나의 발길을 사로잡았던 절묘한 선곡과 공들인 OST까지 많

> [36] 세 달 동안 이 멜로디가 매일 8시간씩 울려 퍼지는 곳에서 일한 적이 있어서 기억이 틀리지는 않을 듯한데, 현재 다시 보기 서비스에서는 이 곡이 나오지 않는다. 시즌 1의 대표 엔딩 곡으로 알려진 빌리 조엘의 「Stranger」도 현재 OTT 버전에서는 빠진 것으로 짐작건대 플랫폼을 옮기면서 달라졌을 수 있을 것 같다. 혹은 정말 잘못된 기억일 수도 있음을 알린다.

은 이들의 호평과 시즌 4를 향한 열망을 받으며 '최고의 의학 드라마' 전당에 오른 웰메이드 드라마였다.

가벼운 도화선이었지만 어쩐지 기꺼워지는 마음에 시즌 2가 방영 중반을 넘어가던 시점에서 뒤늦게 따라가기 시작한 〈낭만닥터 김사부〉의 배경은 여느 의학 드라마와는 달리 최첨단 의료 시설을 갖춘 종합병원이 아닌, 강원도 산간 지역의 작은 지역 병원이었다. 이 드라마를 거칠게 요약하면, '한국 유일의 트리플보드(세 개 분야의 전문의를 이렇게 부른다고 한다)'이면서 97퍼센트의 수술 성공률을 자랑하는 유일무이한 실력을 갖춘 거산대학병원 최고의 의사 부용주/김사부(한석규)가 대리 수술 사건과 제자의 죽음 이후 시골 돌담병원에 내려와 봉사, 아니 투신에 가까운 인술을 펼치던 중 만난 강동주(유연석), 윤서정(서현진), 서우진(안효섭), 차은재(이성경) 등을 거친 갈등 끝에 훌륭한 의사로 길러내고, 한때는 연적이었던 박민국(김주헌)과 협력하여 지역거점 외상의료센터를 건립하며, 의료 불균형과 모두의 치료받을 권리를 위해 멈추지 않고 싸우되, 이 모든 것을 '낭만'에 의거하여 해내는 이야기다.

'현실에 매이지 않고 감상적이고 이상적으로 사물을 대하는 태도나 심리 또는 그런 분위기'라는 사전적 의미를 갖고 있는 '낭만'은, 나쓰메 소세키가 '로망roman/romance'을 음역하면서 '물결 랑㊰'에 '흩어질 만㊰'이라는 한자어를 사용한 것을 다시 한국식으로 읽으면서 생겨난 단어다. 발음에서 큰 차이가 나서 그런지, 나를 포함한 대부분의 한국 사람들은 이 단어의 뿌리인 문학의 한 갈래보다는 '도라지 위스키 한 잔과 짙은 색소폰 소리'를 더 떠올리는 것 같다. 김사부 또한 라디오와 카세트테이프로 음악을 듣고, 제자들에게는 만년필 대신 메스를 선물하며, 취미로 낚시를 하는 소위 낭만주의자다. 그는 한 회에만도 여러 개의 낭만적 명언을 뱉어낸다. 그중 가장 인상적인 말은 '낭만' 자체에 대한 것이었는데, 그에 의하면 낭만이란 바로 '왜 사는지, 무엇 때문에 사는지를 잊지 않는 것'이었다. 가장 이성적이고 냉철해야 할 직업인 의사가 낭만을 좇는 것이 덕이기만 한 것은 아닐 테다. 그렇기에 경우에 따라서 '낭만닥터'는 의사에게는 다소 모욕적 표현일 수도 있다. 그러나 그가 생각하는 낭만이 '왜 사는지를 잊지 않는 것'이라면, 그는 다분히 낭만적인 동시에 매 순간 가장 이성적이고 냉철할 수 있을 것이었다.

〈종합병원〉에서 시작해 〈낭만닥터 김사부〉로 두 번째 부흥기를 맞은 나의 의학 드라마 사랑은 〈슬기로운 의사생활〉(2020)로, 〈닥터 차정숙〉(2023)으로, 가장 최근 〈중증외상센터〉까지 이어졌다. 〈중증외상센터〉의 백강혁(주지훈) 그리고 〈낭만닥터 김사부〉의 김사부와 〈골든 타임〉의 최인혁(이성민) 등 많은 드라마의 주인공이 공식적·비공식적으로 아주대학교 중증외상센터를 이끌다가 현재 국군대전병원 원장으로 일하는 이국종 교수를 모델로 삼았다고 한다. 든든한 시스템이 아닌 한 사람이 혼신을 다해 이끌어가는 영웅적 서사가 판타지가 아닌 현실이라니. 의료 개혁을 둘러싼 여러 문제와 갈등이 그 어느 때보다도 심각하고 염려되는 시기인 요즘, 의료 불균형 문제와 필수 분야 의료진의 근무 환경과 처우 개선 필요성이 대두되고 있는 현 시국에 의학 드라마 연구가 시의 적절한 동시에 공교로운 듯해 마음이 복잡하다.

내게 의학 드라마의 상징이 된 「혼자만의 사랑」은 사실 번안곡으로, 원곡은 샌디 패티(Sandi Patty)가 부른 찬송가 「Via Dolorosa」(1984)다. 라틴어 제목은 예수가 가시면류관을 쓰고 자신이 매달릴 십자가를 지고 올라간 '고난의 길'을 뜻한다. 어쩐지 요즘의 의료계 상황에는 원곡의 제목이 더 어울릴 성싶다.

왜 모든 의학 드라마가 필수의료 학과 또는 그것을 통합한 종합병원을 배경으로 삼는지 조금만 고민해도 알 수 있다. 필수의료 부문은 말 그대로 필수이자, 모두가 자연스럽게 떠올리는 의술의 상징이기 때문이다. 필수의료를 포함한 모든 의료진이 존중받고 지속 가능한 환경 속에서 진정한 의료 서비스를 제공할 수 있기를 바란다. 가슴에서 끝이 보이지 않는 싸움을 하고 있을, 현실에도 수없이 존재하는 긍지와 낭만을 가진 의료진에게 미약하지만 존경을 담은 박수를 보낸다.

내 마음에 니주를 깔고 그대 길목에 서서:
〈스캔들〉 세트장 방문기[37]

2024년 10월 1일, 당시 절찬 방영 중이었던 일일 드라마 〈스캔들〉 세트 촬영을 참관할 귀한 기회가 드라마 연구회에 주어졌다. KBS 아트비전[38]에서 세트 디자인을 담당하는, 최윤석 연구원의 지인이 '드라마 연구회'의 존재와 열망을 알고 연구원들을 〈스캔들〉 세트 촬영 현장에 초대한 것! 그간 TV를 통해서만 드라마를 감상하고 연구했던 연구원들 앞에 단 하루, 스크린이라는 장막이 걷히고 드라마의 세계로 연결되는 웜홀이 열렸다.

다른 드라마에 비해 다소 적은 예산과 평균 120회차 주 5회 방영을 위해 일반 드라마 몇 배의 촬영량을 소화하는 일일 드라마는 대부분의 촬영을 방송국 내부에 위치한 세트장에서 진행한다고 한다.[39] 설레는 마음에 호들

---

37 이 꼭지에는 현장감을 살리기 위해 일본어 잔재 표현을 다수 사용했다. 독자들께 양해를 구한다.

38 한국방송공사 KBS가 100퍼센트 출자한 'KBS 아트비전'은 TV방송 제작의 중요한 부문인 세트디자인, 영상디자인, 무대제작, 소품, 의상, 장신구, 특수효과, 특수분장, 미용, PPL, 협찬 등을 지원하고 있는 계열사로, KBS에서 제작하는 드라마와 버라이어티쇼 대부분의 미술을 담당하고 있다. 특히 드라마의 공간적 배경 대부분을 구성하는 세트장을 디자인하는 것은 드라마가 존재할 땅을 만들어주는 일과도 같다.

39 물론 저예산 드라마만 세트를 짓는 건 아니다. 오히려 세트장 촬영

갑을 떨며 방송국 여기저기서 기념 촬영을 하던 우리는 막상 세트 안으로 들어가자 엄마 뒤로 숨고 싶어 하는 아이처럼 굴었다. 다들 우리만 쳐다보는 것 같은 기분이 든 탓이었지만, 사실 모두 아랑곳없이 제 몫을 하며 분주하게 오가고 있었다.

어디선가 배우와 스태프를 독려하는 목소리가 들려오더니 눈앞에 〈스캔들〉의 주요 악역 문정인(한채영), 민태창(이병준) 부부의 집이 펼쳐졌다. 커다란 공간을 이리저리 가로지르며 벽이 세워져 있고, 두 벽이 교차하며 생겨난 네 공간마다 태창의 거실, 태창의 부엌, 태창의 방, 정인의 방, 딸 주련의 방, 예비 사위 우진의 방 등 새로운 세계가 펼쳐졌다. 합판으로 만든 얇은 벽 안쪽은 드라마 속 세계를 포 떠온 듯했고, 실제 공간처럼 보이는 것이 미덕일 세트는 천장이 없다는 점에서는 실제와 근본적으로 달랐다.

> 드라마가 제작비가 더 드는 경우도 있으며, 모든 드라마 세트가 짓고 허물기를 반복하는 것도 아니다. 예를 들어, 블록버스터 드라마 〈미스터 션샤인〉(2018)의 경우, 충남 논산에 거대한 세트장을 지어 조선 말기 서울의 거리를 정교하게 재현했다. 논산에 만들어진 작은 옛 서울은 드라마가 종료된 지금도 허물어지지 않고 팬들을 초대하고 있다. 또 드라마를 비롯한 많은 영상물이 장소를 공유할 수 있도록 시대별 세트를 만든 '합천 영상테마파크', 전국 유일의 달동네 세트장이 마련된 '순천 드라마촬영장', 사극 해상 신에 특화된 '마산 해양드라마세트장' 등 복수의 드라마를 위해 반영구적으로 지어진 세계도 존재한다.

컷 사인이 떨어지면 배우와 촬영진이 이 세트에서 저 세트로 세계를 옮겨 다니며 촬영을 이어갔다. 촬영이 끝난 세트는 생명이 다한 듯 바로 조명이 꺼졌고, 우리는 촬영에 피해를 끼치면 안 된다는 생각에 눈 깜빡이는 소리마저 조심하려 애썼다. 세트라는 세계를 내려다보는 '부조정실'에서는 감독, 음향 감독, 조명 감독, 촬영 감독, 스크립터가 수많은 TV 모니터로 만들어진 파놉티콘에서 드라마를 '조정'했다. 조명 감독은 세트 위에 떠 있는 72개의 태양을 밝히고 사그라들게 만드는 신이었고, 촬영 감독과 음향 감독은 드라마의 눈이며 입과 귀였다. 스크립터는 장면을 쪼개 촬영하는 드라마의 연결이 물 흐르듯 이어지도록 인물의 의상, 자세, 공간의 설정 등을 면밀히 살피고 있었다. 감독은 세트장에 자신의 분신 '플로어 매니저'를 두고, 조정실에서 배우의 동선과 연기, 촬영과 조명, 음향 등을 총괄했다.

감독의 예민한 손끝에서, 배우와 스태프의 온몸에서, 그리고 그들이 딛고 선 실감 나는 세트에서 탄생하는 사건과 장면에 경탄하며 우리는 예닐곱 신의 촬영을 더 감상했다. 그 후 KBS 아트비전이 관리하는 다른 세트와 미술 소품을 견학하기 위해 장소를 옮겼다. 벽체가 드나들어야 하기에 일반적인 크기보다 곱절은 드높은 문을 열자 거대한 소품 창고가 나타났다.

그곳엔 수많은 가벽이 켜켜이 쌓여 있었다. 실사 출력된 창밖 배경과 매끈하게 발린 도배지, 창틀 등이 붙어 있는 가벽의 앞면은 흡사 드라마의 피부 같았다. 가벽의 뒷면에는 그 벽을 사용한 드라마의 이름과 장소에 대한 간단한 설명이 쓰여 있고, 그것을 두 줄로 지우고 새 드라마 정보를 적은 흔적도 고스란히 남아 있었다. 마치 유적지에서 유물을 발굴하듯 반가운 옛 드라마의 이름을 만날 수 있었다.

도배실로 향하던 중, 통로에 나무 팔레트가 잔뜩 늘어서 있는 걸 보았다. 세트 디자이너는 업계에서 그것을 '니주'라 부른다고 설명을 덧붙였다. 세트를 지을 때는 먼저 바닥에 마루를 한 단 깔고, 그 위에 벽과 소품을 짓는데 이때 까는 바닥을 일컫는 '일제' 전문 용어라는 것.[40] 일본어 にじゅう(니주)의 본래 뜻은 '이중'으로, 영화나 코미

---

[40] 세트 디자이너의 설명을 빌리면, 니주의 기본 단위인 한 자는 300밀리미터이고, 보통 3×6(석자 여섯자)을 사용한다. 석자 여섯자의 경우 한 면적의 크기가 900×1800밀리미터인 것. 전통적으로 드라마 세트 디자인 스튜디오에서는 가정집 세트를 '잘사는 집' '못사는 집'으로 구분해 불렀는데, 니주는 '못사는 집'의 바닥에 까는 용도로 사용한다고 한다. '못사는 집'의 경우 의자나 소파 없이 좌식 생활을 해 높이 조절이 어려운 방송국 카메라로 촬영할 때 시점이 낮아 세트 바닥 면에 니주를 깔아 세트 자체의 높이를 올렸던 것이다. 그러나 카메라가 이동하는 데 제약이 있는 니주를 요즘은 점점 깔지 않는 추세라고 하며, 이 경우 좌식 연기를 하는 연기자가 스태프들이 신발로 지나다닌 세트 위에서 앉거나 눕고 뒹구는 연기를 해야 하는 어려움이 있다고 한다.

디 등에서도 절정[이 또한 おとし(오도시)라는 일본식 은어가 있다]에 다가가기 위한 복선 또는 길을 마련한다는 뜻으로 '니주를 깐다'라는 은어를 자주 사용한다는 이야기를 흥미롭게 들은 적이 있었기에 같은 별명을 가진 팔레트들이 예사롭지 않게 느껴졌다. 소위 '니주를 잘 깔아 그 위에서 오도시를 터뜨리듯'[41], 복도에 도열한 팔레트들은 드라마 속 인물들이 마음껏 사건과 감정의 오도시를 터뜨릴 수 있도록 굳건한 니주 역할을 톡톡히 해낼 터였다.

세트장과 소품실에서 만난 각종 소품은 그것이 명백한 가짜임에도 불구하고(가령 로션 통은 텅 비어 있고, 찬장은 내용 없이 문만 달려 있으며, 창밖의 배경 또한 필름지였다.) 순식간에 현실을 약속하는 마법의 도구처럼 보였다. 하나의 세계가 임시로 지어지고, 그 안에서 사건이 발생한 후, 그것이 기록되고 다시 허물어지는 과정. 그런 측면에서 드라마 세트는 드라마 연구회 구성원들의 교집합인 '미술 전시'와 유사점도 보였다.

[41] 가령, 드라마 〈스캔들〉에서는 문정인의 회사 정인엔터테인먼트가 일본 투자사와 특약이 걸린 계약서에 사인을 하는 장면이 니주다. "정인엔터가 제공한 자료는 허위 없는 사실이며, 만약 이것이 사실과 다를 경우 계약의 모든 책임은 정인엔터에 있다"는 특약 사항에 "에이, 별일 있겠어?"라며 서명하는 경영에 무지한 태도는 향후, 문정인 일가의 파멸이라는 오도시를 터뜨리는 데 결정적인 역할을 할 것이다.

문득 몇 해 전 한 호텔을 방문했던 기억이 떠올랐다. 본격 프렌치 무드를 열렬히 표방한 나머지 인테리어와 레스토랑 메뉴는 물론 엘리베이터 음성 안내마저도 불어를 사용하는 호텔이었다. 호텔 라운지에는 책등에 프랑스어가 적힌 두툼한 책이 놓여 있었는데, 그게 사실 박스 모양의 소품이었음을 알아차리고 크게 실망했었다. 하지만 지금 드라마 세트장에서 마주한 비슷한 상황 앞에서 가짜 소품들은 내게 몇 곱절의 희열을 느끼게 한다. 책 한 권에까지 진정성의 잣대를 들이대던 나의 마음은, 그 진정성마저 창조해내는 사람들의 솜씨와 노력에 경탄하는 마음으로 바뀌어 있었다. 나의 마음에 환대의 주단, 니주가 깔린 것이다!

참관을 마치고 연구원들과 함께 로바타야키 집에서 뒤풀이를 했다. 벽을 빙 두른 사케 병들, 다다미가 깔린 좌석, 신나는 다찌석[42], 머리에 수건을 두른 채 꼬챙이에 펜 생선을 굽고 있는 요리사들…. 마치 일본 소도시 노포처럼 꾸며진 이 식당 또한 드라마 세트장처럼 느껴졌다. 아직 드라마의 마법에서 벗어나지 못해서였을까 아니면 흥분 상태에서 거푸 들이켠 술 때문이었을까.

기분 좋은 밤이 흘렀고, 다음 날 아침 여느 때와는 사

---

[42] 요리사와 마주하는 바 형태의 자리

뭇 다른 마음으로 〈스캔들〉 재방송을 시청하며 엄마에게 이런저런 아는 척을 했다. 잘 아는 장소가 텔레비전에 나온 것처럼 신기하고 반가운 기분. 여름 방학에 난생처음 비행기를 타보고 개학하자마자 친구들에게 자랑을 늘어놓는 듯한 모습이 내가 보기에도 우스웠지만 아랑곳하지 않았다. 드라마 연구회 회원들을 초대해 마법의 비행기에 태워준 하정민 디자이너와 기꺼이 참관을 허락해준 〈스캔들〉 제작진 여러분께 다시금 감사의 마음을 전한다. 연구원들은 〈스캔들〉 본방과 재방을 종영까지 열심히 사수하고 응원했다.

세현이와 소원 아빠: 고도를 기다리며

사무엘 베케트의 희곡 『고도를 기다리며』에서 블라디미르와 에스트라공은 길가에 난 나무 옆에서 '고도'라는 이를 기다린다. 극의 제목에도 등장하는 그이지만, 고도는 끝내 무대에 나타나지 않는다. 두 주인공은 고도가 누구인지 언제 오는지도 모른 채 그에 대한 선문답 같은 이야기를 하며 계속해서 그를 기다린다. 극은 아마 내일도 고도를 기다릴 둘의 대화로 끝을 맺는다.

> 블라디미르: 내일 목이나 매자. (사이) 고도가 안 오면 말야.
> 에스트라공: 만일 온다면?
> 블라디미르: 그럼 살게 되는 거지.[43]

드라마의 세계에도 마치 고도처럼, 계속해서 언급되지만 끝내 나타나지 않는 인물들이 종종 등장한다. 단순히 제작비나 촬영 여건 때문이라면 스토리상에서도 굳이 등장할 필요가 없을 텐데, 이들은 등장인물의 입을 통해 계속해서 언급되고 디테일이 부여되며 점점 더 강하게 생

---

[43] 사무엘 베케트, 『프랑스 현대 희곡집 1-고도를 기다리며』, 오증자 옮김, 정우사, 1995, 144~145쪽

명을 이어간다. 본 연구에서는 없지만 있는 자들, 부재를 통해 존재하는 드라마 속 인물은 누가 있으며, 그들은 드라마에서 어떤 역할을 했는지 톺아보고자 한다.

먼저, 부재 자체가 캐릭터가 되는 역할이 있다. 〈행복배틀〉(2023)에서 황지예 차장(우정원)의 남편 역할이었던 '소원 아빠'가 대표적인 사례다. 이혼이나 사별의 정황이 없는 상황에서 소원 아빠는 소원이를 입양하던 시절을 회상하는 장면에서 짧게 스친 것을 제외하면 드라마에 등장하지 않는다. 은행 차장 월급으로 노른자 땅 주상복합 아파트에 거주하며 아이를 프리미엄 유치원에 보내기 위해 이리 뛰고 저리 뛰는 소원 엄마 황지예를 두고 소원 아빠는 끝내 등장하지 않음으로써 지예의 어깨를 점점 더 무겁게 만든다. 그는 지예로 하여금 부동산 사기도 모자라 살인 현장을 보고도 방조하는 몰락의 길을 걷게 한다. 지예가 행복 배틀에 참전하여 고군분투하는 동안 소원 아빠는 어디서 무엇을 하는 걸까? 지예가 무너질수록 소원 아빠에 대한 의문과 분노가 거세진 시청자는 나뿐만이 아니었으리라. 소원 아빠는 부재를 통해 자신의 무능과 무책임을 증명하며 극의 보이지 않는 악역으로 자리매김한다.

한편, 흔히 드라마에서 발생하는 '고구마 답답이'의 상황은 시청자를 전지적 입장에 두어, 진실을 모르는 주연들이 벌이는 바보 행각 때문에 발생한다. 그러나 임성한 작가는 시청자가 특정 인물을 끝까지 볼 수 없게 만들어 버림으로써 시청자의 시점을 전지적인 위치에서 끌어내린다. 예를 들어 〈결혼작사 이혼작곡〉에서 서동마(김경남)[44]의 생모는 극에 등장하지 않고 죽음을 맞는다.

"엄마는?" "나갔지~"
"엄마는?" "마사지 가셨어요."
"엄마는?" "친구분들과 골프요."

이런 식의 대화 뒤에 숨어 계속해서 부재하던 동마의 어머니는 어느 날 돌연사하여 흰 천이 덮인 채 윤곽만 스쳐 지나간다.

또 다른 임성한 드라마 〈아씨 두리안〉에서 악역 아일라(김채은)의 아버지는 극 중 유명 화가로 설정되어 있는데, 자주 등장하여 아일라에게 실패로 가는 연애 코치를 해주는 어머니와는 달리 아버지는 끝내 화면에도 나오지

---

[44] 김경남 배우는 〈결혼작사 이혼작곡〉 출연 당시 임성한 작가가 지어준 '부배'라는 이름으로 활동했으나, 현재는 다시 본명인 김경남으로 활동 중이다.

않고 이름조차 언급되지 않는다. 심지어 단 씨 일가의 며느리가 되기 위해 아일라가 아버지의 그림을 뇌물로 쓸 때에도 시청자는 단단히 포장된 아버지의 그림조차 구경할 수 없다.

이는 매우 독특한 설정과 전략인 듯 보이지만 꼭 그렇지만도 않다. 현실에서는 아무리 친한 사이라고 해도 그의 부모 얼굴까지 아는 경우는 많지 않기 때문이다. 오히려 주인공의 하숙집 주인 얼굴까지 속속들이 알게 하는 다른 드라마는 그 전지적 시점으로 인해 현실성을 해치기도 한다. 임성한 작가의 역발상 고구마는 이렇게 몇 명의 보이지 않는 역할을 통해 극에 현실성과 미스터리함을 더한다.

마지막으로, 장편 드라마에 누군가가 너무할 정도로 등장하지 않는 경우, 그에 대한 궁금증이 점점 커지며 시청자 공동의 화제가 되어 캐릭터가 다른 방향으로 자생하기도 한다. 무려 10개월간 총 85회가 방영된 〈하늘이시여〉에서 김배득(박해미)의 아들 '세현이'의 경우, 작중 내내 거의 매회 배득과 자경의 입을 통해 언급되고 자경과 문자 메시지를 나누기도 하지만, 85회 동안 단 한 번도 등장하지 않는다.

회가 거듭할수록 도대체 세현이가 누구냐에 대한 궁금

증은 점점 몸집을 키우고, 심지어 언론에서까지 세현이를 주제로 기사를 내기에 이른다.[45] 드라마의 맥락과는 상관없이 세현 이야기가 나오면 웃음이 터지거나, 대체 그가 살아 있기는 한 것인가 갑자기 섬뜩해지는 것은 히치콕이 고안한 맥거핀macguffin 효과[46]의 전형적인 사례다. 세현이는 극에 전혀 등장하지 않고도 각종 기사와 커뮤니티에서 자생하며 새로운 유니버스의 존재 가능성을 암시한다.

드라마의 종영과 함께 죽음을 맞는 여느 등장인물과는 달리 소원 아빠, 서동마의 어머니, 아일라의 아버지, 세현이는 애초에 극에 등장하지 않았기에 사라질 수도 없다. 볼 수도, 서술할 수도 없는 이들이 영생을 얻은 것이다!

> 블라디미르: 고도가 내일은 꼭 온다고 그랬지. (사이) 그래도 모르겠어?

---

[45] '〈하늘이시여〉 자경 동생 세현이는 누구?', OSEN, 2006. 5. 6. osen.mt.co.kr/article/G0605060058
'세현이가 누구야: 드라마 '하늘이시여' 얼굴없는 등장인물', 조선일보, 2006. 4. 20. www.chosun.com/site/data/html_dir/2006/04/20/2006042070618.html
'〈하늘이시여〉 얼굴 없는 세현 〈내 남자의 여자〉에 또 등장', 뉴스엔, 2007. 6. 12. news.nate.com/view/20070612n02841

[46] 알프레드 히치콕이 고안한 극적 장치의 일종으로 줄거리와는 전혀 관련이 없에도 관객의 시선을 의도적으로 집중시켜 혼란이나 공포 등을 느끼도록 하는 것을 뜻한다.

에스트라공: 그럼 여기서 기다리는 수밖에.[47]

　다시 『고도를 기다리며』로 돌아가보자. 1953년 이 연극이 초연된 이후로 '고도'는 이상향, 신, 자유 등 우리가 기다리는 다양한 대상을 상징해왔다. 기어코 등장하지 않은, 아마 앞으로도 등장하지 않을 고도에 각자의 대상을 투영해온 것이다. 긴 세월이 지나도 『고도를 기다리며』가 여전히 사랑받고 회자되는 까닭은 그가 누구인지 끝내 밝혀지지 않았기 때문일 것이다. 베케트는 이후에도 고도가 누구인지, 혹은 어떤 대상을 의미하는지 우리에게 알려주지 않았다. 그저 그렇게 닫아두는 혹은 열어두는 쪽이 오히려 고도에게 70년의, 그리고 앞으로도 계속되는 생명력을 부여했음을 우리는 스스로 신문 기사에까지 등장한 세현이와, 등장하지도 않았는데 댓글 창에서 지탄의 대상이 되는 소원 아빠를 통해 가까이 알고 있다.

---

[47] 사무엘 베케트, 『프랑스 현대 희곡집 1-고도를 기다리며』, 오증자 옮김, 정우사, 1995, 85쪽

스물다섯 선재를 업고 시그널에 폭싹 응답하라

　마르셀 프루스트Marcel Proust의 『잃어버린 시간을 찾아서』 속 '홍차와 마들렌'을 언급하는 수많은 이들 중에서 실상 완역본 13권[48]으로 이루어진 그 소설을 끝까지 읽은 이는 그리 많지 않을 것이다. 『잃어버린 시간을 찾아서』에서 가장 유명한 홍차와 마들렌 이야기는 옛 『수학의 정석』 집합 단원처럼 책의 맨 앞부분에 등장한다. 마들렌 한 조각을 따뜻한 홍차에 담갔다가 입에 넣는 순간, 혀와 입천장 사이에서 퍼지는 맛과 향을 타고 일순간 먼 과거로, 어린 시절 이웃인 스완네 집 쪽으로 시공간의 여행을 떠나는 주인공. 홍차와 마들렌은 그에게 어린 시절 한 순간의 풍미를 가져다주는 것이 아니라, 그를 일순간 당시에 느꼈던 감정과 기억 한가운데로 데려가는 마법의 버튼이다.

　마치 집합 단원만 수차례 반복하듯 이 장면만을 되풀이해서 읽던 나에게는 '마드레느'라는 빵에 대한 기억이 있다. 유치원에서 일주일에 한 번 간식으로 주던 이 빵은 아마도 마들렌을 흉내 낸 듯한데, 빵과 요구르트를 함께 받아 아끼고 아껴 먹곤 했다. 언젠가 그 빵 맛을 엄마에게

---

[48] 김희영 번역으로 민음사에서 출간되었다.

도 보여주고 싶어서 먹고 싶은데도 꾹 참고 집까지 챙겨 간 적이 있었다. 자그마한 빵을 반으로 잘라 엄마는 커피에, 나는 우유에 곁들여 먹었다. 가뜩이나 맛있는 빵이 매직펜으로 내 이름을 써둔 식판이 아니라 예쁜 그릇에 담기면 얼마나 더 맛있는지, 그리고 요구르트가 아닌 차가운 우유와 함께 먹을 때 향긋한 버터 냄새가 얼마나 더 좋아지는지를 알게 된 날이었다. 『잃어버린 시간을 찾아서』의 첫 부분을 읽을 때마다, 그리고 어른이 되어 굳이 추억도 없는 홍차에 마들렌을 곁들여 먹을 때마다 그날이 떠오른다. 여전히 집에서 잘 사용하고 있는 엄마의 혼수품 그릇의 꽃무늬도 유독 그날의 기억 속에서 더 예쁘고 생생하다.

드라마에도 홍차와 마들렌 같은 시간 여행의 버튼이 종종 등장한다. 특히 근과거를 배경으로 하는 드라마는 한번에 수백 년의 시간 여행을 떠나게 해주는 사극과는 달리 '내가 경험했던 과거'로 돌아가기에 그 힘이 더욱 강력하다. 미제 사건 피해자의 안타까운 마음이 타임캡슐처럼 보관되어 있는 듯한 〈시그널〉(2016), 타임슬립 자체가 극의 주된 요소인 〈선재 업고 튀어〉, 젊은이들의 사극 〈응답하라〉 시리즈까지. 근과거를 배경으로 한 드라마들에서 시간 여행 버튼은 주인공의 서랍 속과 옷차림에, 즐겨 먹는 간식에, 타고 다니는 버스 광고판에, TV에서 흘러나오는 음악 속에 숨어 있다가 우연히라도 그것을 누르는 순간 우리를 그때 그곳으로 데리고 간다.

〈응답하라〉 시리즈는 마치 우리 집 사진 앨범을 보는 듯한 탁월하고 디테일한 고증으로 시청자를 구경꾼에서 장면의 일원으로 초대한다. 이 시리즈는 1997년, 1994년, 1988년 등 세분된 연도의 시리즈마다 정확히 들어맞는 소품과 설정과 음악으로 정평이 나 있다. 1983년생인 나는 이 시리즈 중 첫 번째인 〈응답하라 1997〉(2012)의 1980년생 주인공들과 시간상 가장 가깝다. 서대문구 홍은동에서 태어났고 듀스의 팬이었던 나는 신촌과 연세대학교를 주 배경으로 했고, 등장인물 조윤진(도희)이 서태지의 열렬한 팬으로 나온 〈응답하라 1994〉(2013)와 지역적·감정적으로 가장 가깝다. 또 어린 시절 오래된 복도식 아파트에서 말 그대로 '이웃사촌'들과 다 같이 자란 나는 〈응답하라 1988〉(2015)의 쌍문동 골목이 가장 반가웠다. 이렇게 다양한 공감대가 펼쳐져 있던 시리즈를 사랑하지 않을 도리가 없었다. 전 국민이 수사에 매달렸던 '남편 찾기'와 다시 부른 옛 노래의 감미로움에 잠겨, 아파트 재개발이나 아이돌 컴백만큼이나 소문만 무성한 〈응답하라 2002〉의 등장을 기다리는 이는 나뿐만이 아닐 것이다.

이 드라마는 많은 사랑을 받았던 만큼 소위 '고증 오

류'에 대한 제보도 많았다. 이를테면 국내에 1998년 개봉했던 영화의 포스터가 1997년 당시의 벽에 붙어 있다거나, 당시 존재하지 않았던 맛집 표식인 '블루 리본'이나 이동통신사 중계기가 식당에 붙어 있는 오류를 찾아내는 것마저 시청자에게는 큰 즐거움이었던 듯하다. 반찬 놓는 그릇부터 과자 봉지 하나에까지 들이는 정성이 느껴졌기 때문에 가끔 발견된 오류까지도 사랑스럽게 보였을 테다. '나무위키'에 '응답하라 시리즈'의 고증 오류만 모아둔 별도 문서가 있을 정도로 다른 시대물에 비해 이 시리즈에 유독 제보가 많은 이유는, 그 시절을 겪은 이가 많아서일 것이다. '곤장'을 친다면서 그보다 폭이 좁은 '신장'을 치거나, 차를 마시자면서 술잔을 내어 오는 조선 시대 관아의 장면은 직접 겪은 이가 없기에 모르고 지나가기 십상이지만, 1990년대에 출시된 과자 봉지나 치킨집 간판은 스쳐 가기만 해도 입에 침이 고이니 말이다.

단 한 가지 확실한 추억 버튼으로 승부를 보는 드라마도 있다. 〈선재 업고 튀어〉의 '아이리버 ipf-790 mp3'는 드라마의 인기와 함께 이 기기로 음악을 들어보고 싶은 이들의 수요가 치솟아 중고 마켓을 달구었다. 에픽하이와 윤하가 부른 「우산」을 비롯한 노래들 또한 차트에 재진입하는 역주행 효과를 불러일으켰다. 그런가 하면 〈스물다섯 스물하나〉(2022)의 주인공 나희도(김태리)가 백이진(남주혁)과 인연을 쌓던 만화방에서 오매불망 기다리던 만화책 『풀하우스』는 교과서에 살짝 끼워 보며 주인공들의 밀당과 연모의 역학에 푹 빠졌던 시절로, 며칠 전부터 만화방 앞에 크게 붙어 있던 입고 날짜에 맞추어 하굣길 실내화도 갈아신지 않고 만화방으로 달려가던 숨찬 설렘 속으로 우리를 순식간에 데려간다.

반면 '밀양 여중생 집단 폭행 사건'이나 '화성시 연쇄 살인 사건' 등 실제를 연상시키는 미제 사건들을 여럿 다루는 〈시그널〉은 다소 무거운 주제를 의식해서인지 깨알 같은 반가움의 요소를 의도적으로 배제한 듯하다. 고장난 무전기가 과거와 현재를 연결하는 판타지 요소가 다분한 이 드라마에서 주인공들은 1989년, 1995년 등 특정 과거와 2015년 현재를 오가지만, 시대를 나타내는 지표는 "지금 거기가 몇 년도입니까?"라는 박해영(이제훈)의 물음에 대한 이재한(조진웅)의 대답 정도다.

그렇다고 이 드라마가 시대 고증에 게으른 것은 아니다. 필수적인 배경 재현이나 차수현(김혜수)과 이재한의 표정과 업무 숙련도 등 디테일한 부분에서도 시간의 변화를 충실히 나타내려고 신경 쓴 흔적이 눈에 띈다. 그럼에도 이 드라마에서는 근과거 시대극에 종종 등장하는, 특정 사물의 클로즈업이나 유행가 등에 기대는 모습이 보이지 않는다는 뜻이다. 그것이 의도한 바인지 알 길은 없으나, 개인적으로는 이 연출 방식에서 누군가에게는 계속되고 있는 아픔과 고통을 추억이나 그리움과 같은 범주에 넣지 않으려는 사려 깊음이 느껴졌다. 2025년 2월, 10년 만에 새로운 시즌 촬영을 시작한 〈시그널〉의 배려가 〈두 번째 시그널〉에서도 계속 이어지고 확장되기를 바란다.

한편, 빠른 속도로 2025년 최고의 화제작 자리에 오른 〈폭싹 속았수다〉의 미술은 영화 〈아가씨〉, 〈헤어질 결심〉 등에서 경탄스러운 미감을 선보였던 류성희 감독이 맡았다. 제주와 서울, 1960년대부터 현재까지를 넘나드는 서사를 물 흐르듯 따라가게 하는 주된 동력은 시나리오와 연출과 연기가 삼박자를 맞추어 탁월하게 만들어가고 있지만, 시공간의 전환을 자연스럽게 뒷받침하는 미술의 힘이 못지않게 크다. 극장이나 부두 어시장 같은 큰 스케일의 장소를 묘사하는 완성도도 훌륭하지만, 특히 잉크 냄새가 날 것 같은 복사집 교재, 뾰족한 것으로 두드려가며 냉장고의 덩어리진 성에를 제거하는 퍽퍽한 촉감, 소나타 자동차에 부착된 엠블럼의 S를 떼며 놀던 장난 같은 소소한 디테일이 순식간에 우리를 그곳으로 데려다 놓는다.

본 연구원 또한 방영 당시 매주 금요일 네 시간을 충

성스레 바친 〈폭싹 속았수다〉에서는 완벽한 고증이 오히려 몰입에 제동을 건 장면도 있었다. 그것은 주인공 양금명(아이유)이 서울대학교 영문학과에 합격하고, 입학식 날 유명한 '샤' 모양 정문 앞에서 영화 동아리 '얄라셩'의 홍보 전단을 들고 있는 장면이다. 서울대학교는 수능 시험 점수와 내신 점수가 가장 높은 사람들이 합격하는, 대한민국에 실재하는 명문 국립대다. 또 1979년 서울대학교에서 실제로 결성된 영화 동아리 얄라셩은 한국에서 가장 오래된 영화 동아리로, 송능한 감독, 장선우 감독, 김우현 촬영 감독 등 많은 영화인을 배출한 것으로 유명하다.

드라마에 실제 대학 이름이 등장한 경우는 더러 있기는 하다. 그러나 이 드라마에서는 부모의 헌신적인 지원과 본인의 악착같은 노력을 통해 소위 '개천에서 용 나기'에 성공한 양금명의 첫 번째 성취로 서울대학교 입학을 보여주는 장면이 현실의 엘리트주의를 더욱 공고히 만드는 역할을 하는 듯 보였다. 드라마에서 재현하는 추억의 대상은 대부분 당대를 풍미했지만 이제는 사라진 것들이다. 그런데 현재에도 여전히 굳건하게 특권적 위상을 지닌 대상을 극 중에 등장시킨다면 (엘리트들이 일구어낸 현실 정치의 문제점이 불거진 요즘은 더더욱) 매우 신중해야 할 것이다. 그래서 한국 드라마에는 최고의 대학에 '한국대'

라는 이름을 붙이는 유구한 전통이 있는 것 아니겠는가!

『잃어버린 시간을 찾아서』의 주인공은 홍차와 마들렌을 먹기 바로 전 장면에서 이렇게 말한다.

> 우리의 과거도 그와 마찬가지다. 과거의 환기는 억지로 그것을 구하려고 해도 헛수고요, 지성의 온갖 노력도 소용없다. 과거는 지성의 영역 밖, 그 힘이 미치지 못하는 곳에, 우리가 꿈에도 생각하지 못했던 어떤 물질적인 대상 안에(이 물질적인 대상이 우리에게 주는 감각 안에) 숨어 있다. 이러한 대상을, 우리가 죽기 전에 만나거나 만나지 못하거나 하는 것은 우연에 달려 있다.[49]

별것 아닌 듯 보이는 이 '물질적 대상'들은 우연히 다시 맛본 홍차와 마들렌처럼 도처에서 우리를 기다리고 있다. 잃어버린 시간을 찾을 수 있는 열쇠가 드라마 속 주인공의 핸드폰 키링에, 가족이 과일을 깎아 먹는 황금색 쟁반에, 밤새 꾸미던 다이어리 스티커에 숨어 있을지 누가 아는가. 근과거를 배경으로 하는 드라마들은 우리를 내가 경험해본 그때 그곳으로 데리고 간다. 이런 종류의 드라마가 나온다는 소식을 들으면 화면을 통해서나마 이

---

[49] 마르셀 프루스트, 『잃어버린 시간을 찾아서 1』, 김창석 옮김, 국일미디어, 1998, 65쪽

런 우연을 만날 수도 있겠다는 기대에 맘이 설렌다. 내가 거쳐 온 시간을 그린 드라마를 기다리는 즐거움 중 하나다.

파랑새는 있나?: 드라마에서 행적을 감춘 서민들

 방영된 지 10년이 넘었는데도 여전히 회자되는 드라마 〈시크릿 가든〉의 장르는 '판타지 로맨스'다. 주인공 김주원(현빈)과 길라임(하지원)의 영혼이 서로 뒤바뀌는, 비현실적 설정에서 시작하기 때문이다. 그러나 이 드라마에서 더욱 비현실적인 것은 가난한 스턴트우먼과 재벌 2세가 사랑을 이루는 부분일 테다. 현실에서 그 정도 신분을 뛰어넘는 사랑이 발생할 확률은 앙숙이던 남녀의 영혼이 뒤바뀔 확률보다 더 낮기 때문이다. 이 외에도 〈파리의 연인〉(2004), 〈내 이름은 김삼순〉(2005) 등 2000년대 수많은 드라마에서 단골로 사용했던 소위 '신데렐라 스토리'는 이제 더 찾아볼 수 없게 되었는데, 그 이유 중 하나는 드라마 속 서민이 재벌과의 연애담에서조차 자취를 감춰버렸기 때문이다.

 대신 재벌가 자녀들 간의 하이틴 로맨스를 다룬 〈상속자들〉을 필두로, 〈품위있는 그녀〉(2017), 〈마인〉(2021), 〈재벌집 막내아들〉(2022) 등 재벌 일가의 숨겨진 비밀과 암투를 다룬 드라마가 대세로 떠올랐다. 재벌이 아니더라도 최근 드라마 등장인물들은 남편은 아버지가 물려주신 로펌 대표이고 아내 역시 변호사이거나(〈하이드〉, 2024), 기업 M&A전문가이거나(〈협상의 기술〉, 2025), 연봉이 수

십억 원을 웃도는 인기 강사(〈일타 스캔들〉, 2023)로 상류층인 경우가 대부분이다.

매일 각종 만보기 앱을 오가며 모은 포인트로 오늘도 100원을 벌었다며 기뻐하고, 이번 달에도 월급이 또다시 카드 값보다 적어 아껴둔 저금을 헐고 돌아와 드라마 속 재벌들의 행진을 보고 있자면 TV 스크린이 넘을 수 없는 사차원의 벽처럼 느껴진다. 그들은 자산 2조 원 이상인 사람만 가입할 수 있는 결혼정보회사 '렉스'의 블랙 등급이거나(〈블랙의 신부〉, 2022), 자신과 사돈의 팔촌의 초등학교 동창인 것만 인증해도 모두에게 1억 원씩을 선물하는 대기업 '티키타카'의 회장이거나(〈7인의 부활〉), 물려받은 돈과 권력을 물 쓰듯 써서 사건을 해결하는 재벌 형사(〈재벌X형사〉, 2024)이기 때문이다.

〈서울의 달〉(1994), 〈옥이 이모〉(1995), 〈파랑새는 있다〉(1997) 등으로 한국 서민 드라마의 독보적인 지평을 열었던 김운경 작가도 2014년 〈유나의 거리〉 이후로 더는 드라마를 쓰지 않는다. 드라마에서라도, 간접적으로라도 풍족하고 여유로운 삶을 즐기고 싶은 시청자의 마음이 드라마 소재 선택에 반영된 것일까? 그 문이 좁아질수록 점점 더 간절해지는 신분 상승에 대한 욕망을 드라마가 충족시켜주는 것일까? 아니면 혹시 사회 각계각층의 흐름이 시대를 거스르는 것처럼 보이는 요즘, 동서양을 막론하고 서민층은 문학의 소재가 될 수 없었던 시대가 드라마에서도 복권된 것일까.

이렇게 느끼는 것은 나뿐만이 아닌 듯하다. 간단한 검색만 해보아도 '서민 드라마가 사라졌다'라는 내용의 기사나 칼럼을 쉽게 찾아볼 수 있기 때문이다. 그런데 드라마에서 정말 서민이 사라졌나? 잘 생각해보면 꼭 그렇지만은 않다. 앞서 언급한 〈상속자들〉의 주인공 중 한 명인 차은상(박신혜)은 김탄(이민호) 집 가정부의 딸이다. 고등학교에서 퇴학당하고 아버지가 뺑소니로 돌아가신 후 감옥에 들어갔다가 7년간 원양어선과 공사 현장을 오가며 돈을 버는 박새로이는 서민이 아닌가?(〈이태원 클라쓰〉), 싱글맘 슬하와 고아원과 입양 가족의 집을 전전하며 성장한 뒤 바닷가에서 아들을 홀로 키우며 술집을 운영하는 동백이는 어떤가(〈동백꽃 필 무렵〉, 2019), 아이돌 백댄서로 일하다가 문화센터에서 줌바 댄스를 가르치며 수강생 생일에 케이크 살 돈이 없어 한참 어린 동생에게 3만 원을 빌리는 오홍수(〈독수리 오형제를 부탁해!〉, 2025) 또한 서민이지 않은가. 살펴보니 최근의 드라마에서도 서민이 꽤 많이 등장했는데 시청자가 서민이 사라졌다고 느끼는 이유는 무엇일까.

'촌스러운 꽃무늬'를 즐겨 입는 동백이의 서민적 옷차

림은 명품 브랜드의 레트로 무드 의상으로 표현되고, 박새로이가 무려 이태원 노른자땅에 자기 가게를 차리게 되기까지의 가난한 세월은 고되고 힘들기만 했던 시절로 압축된다. 서민의 삶은 서울 야경이 내려다보이는 옥탑 평상에서 삼겹살을 구워 먹는 주인공 머리 위로 크게 뜬 달과 함께 낭만화되거나, 자식이고 친구고 모두 버리고 도망가고 싶을 정도로 지긋지긋한 시절 둘 중 하나로 납작하게 갈라지는 것이다. 서민 드라마가 사라졌다고 느끼는 이유는 등장하는 서민의 숫자가 줄어서라기보다는 서민을 비추는 방식이 피상적이고 단편적으로 변했기 때문이 아닐까?

거의 30년 전에 방영했는데도 서민 드라마의 표본으로 여겨지며 여전히 그리움의 대상이 되는 〈파랑새는 있다〉가 가진 특별함은 무엇일까. 〈파랑새는 있다〉는 나이트클럽 '샹그릴라' 주변에 모인 이들의 삶을 큰 애정을 가지고 다각도로 살핀다. 보통 다른 드라마가 10명 내외의 주인공과 주·조연들만 소개하는 데 비해 〈파랑새는 있다〉를 소개하는 나무위키 페이지에는 78명 출연자의 특징이 간단하게나마 모두 언급되어 있을 정도로 등장인물에 대한 너른 관심이 엿보인다.

아득히 먼 곳의 환상만을 바라보는 대신 가까운 곳의

행복을 찾아가는 이들이 지나간 자리는 '가난한 자=불쌍한 자'라는 공식 대신, 하루하루를 제힘으로 살아내는 인물들의 의지와 긍지가 채워져 있다. 그들은 경상도 사투리를 고치지 못해 북한군 단역에서 해고되어도 친구의 병문안에는 꽃다발을 사 가고, 눈엣가시처럼 여겼던 사기꾼 이웃이라 할지라도 막상 그가 곤경에 처하면 함께 걱정하고 살핀다. 사사로운 투덕거림은 매일 쉼 없이 일어나지만, 결국 우정과 사랑과 믿음을 가지고 함께 매일을 살아내는 이들이 모이는 나이트클럽의 이름 '샹그릴라'가 '이상향'을 뜻하는 것은 우연이 아닐 테다.

한편 '서민 드라마의 귀환'을 캐치프레이즈 삼았던 드라마 〈솔약국집 아들들〉(2009)은 배우들의 연기나 대본의 완성도가 아닌 다른 이유로 뭇매를 맞았다. 서울 사대문 안에서 부모와 네 아들을 수용하는 자가 주택에 살며, 같은 동네에서 약국을 운영하는 집이 대체 왜 서민이냐는 질타였다. 중산층이 점점 사라지고 양극화 현상이 심해지는 현실 속에서 서민에 대한 서로 다른 인식도 서민 드라마가 감소하는 데 한몫했을지도 모른다.

우리나라 대표 재벌 이재용 삼성전자 회장은 2021년 서울구치소 수감 당시, 구치소 TV를 통해 〈황금빛 내 인생〉(2017~2018)을 보고 재벌에 대한 묘사가 현실과 너무

달라 충격을 받았다는 이야기를 출소일 구치소 앞 기자들에게 한 적 있다. 이제는 재벌보다 더 재벌 같은, 재벌 전문 배우 나영희가 분한 노명희가 펼치는 고압적인 갑질과 안하무인 태도를 보며, 대중의 눈에 재벌이 정말 그렇게 비치는지 생각해보는 계기가 되었다는 것이다. 다소 순진한 감상이지만 이재용의 말에는 드라마에서 어떤 대상을 그리는 방식에는 다수의 사람들이 그 대상을 어떻게 보는지가 반영된다는 의미가 담겨 있다.

조금 더 길게 생각의 꼬리를 물어본다면, 서민의 삶을 입체적으로 다룬 드라마를 찾아보기 힘든 이유는 소위 말하는 '서민층'이 사람들의 인식 속에 거의 존재하지 않기 때문이 아닐까? 삶의 공간 반절이 지하로 내려가 시각적으로 은폐되고, 각종 특권층 친화적 구조 속에서 제도적으로도 가려진 서민 계층이 드라마 속에서 그런 것처럼 (그 자신을 포함한) 사람들의 머릿속에서도 점점 소외되고 있는 것은 아닐까.

파랑새는 어디에 있나. 하루하루를 제힘으로 살아내는 인물들의 의지와 긍지를, 우정과 사랑과 믿음으로 함께 매일을 견디는 이들의 얼굴을 우리는 드라마 속에서 다시 보고 싶다.[50]

> **50** 고백건대 이 꼭지는 초고만 완성한 뒤 책에 싣지 않으려고 마음먹었었다. 다른 꼭지가 그렇지 않다는 말은 아니지만, 사고와 앎의 폭이

좁디좁은 내가 감히 다룰 수 있는 주제가 아닌 것 같다는 생각이 글을 써내려갈수록 들어서였다. 이에 대해 편집자님과 동료 연구원들과 짧고 긴 대화를 나누었다. 서민이 등장하는 드라마, 서민의 삶에 포커스를 맞춘 드라마, 서민이 좋아하는 드라마 중 어떤 것을 '서민 드라마'라고 불러야 하는지, 드라마 제작 환경이 PPL에 의존하게 되면서 주로 사치품이 많이 등장해야 하는 여건 때문에 소재 선택에서 배제되는 것은 아닌지, 아예 '서민이란 누구인가'를 주제로 드라마 속 갖가지 서민의 모습을 통해 일종의 몽타주를 만들어보는 것은 어떤지 등이었다. 다양하고 애정 어린 조언을 받으며 문득 드라마 연구원인 나조차 이 주제를 끝내 얘기하지 않는다면, 가뜩이나 찾아보기 힘든 서민 드라마에 대한 생각거리가 이 세상에서 하나 더 줄어들 수도 있겠다는 데 생각이 닿았다. 이에 부족한 글이지만 용기를 내어 수록해 독자들과 이야기를 나누고 싶었다.

같은 시간에 우린 어쩌면 서로를

한동안 푹 빠져 지냈던 '포켓몬 고' 게임의 유행이 지나도 한참 지났던 어느 날, 직장 근처 포켓스탑인 동십자각을 지나며 이 장소에 우글우글하던 몬스터들이 지금도 계속 존재하고 있을까 궁금해졌다. 오랜만에 문득 다시 게임 앱을 실행하자, 어제 본 듯 익숙한 크리처[51]들이 나타났다. 반가운 마음에 잠시 들여다본 후 나는 그들을 잡지 않았다. 그들을 답답한 배낭 속에 넣고 문을 열지 않는 대신 그들이 동십자각 일대를 활기차게 배회하게 두고 싶었기 때문이다. 그곳이 비록 게임을 열지 않는 이상 내게는 보이지 않는 세계더라도 말이다.

어쩌면 드라마 속 인물들도 장소를 공유하는 다른 우주에서 사랑하고 미워하고 복수하며 계속 살아가고 있지 않을까? 이를테면, 홍제천 다리에 붙어 있는 색이 바랜 명화 이미지를 보면서 '차수현(송혜교)과 김진혁(박보검)은 요즘도 이 거리를 지날까?' 생각하고(〈남자친구〉), 남산공원의 계단길을 보면 김삼순(김선아)과 현진헌(현빈)이 추억을 되짚으러 올 것만 같은 느낌을 받는 것이다

---

[51] 생물, 생명체, 피조물 등을 뜻하는 단어. 영화나 게임에 등장하는 낯선 생명체를 가리킬 때 주로 사용한다.

(〈내 이름은 김삼순〉).

아마 이런 생각을 하는 것은 나뿐이 아닐 것 같다. 그렇지 않고서야 '욘사마'의 팬들이 대한 해협을 건너서까지 남이섬에 찾아와 강준상(배용준)의 흔적을 쓰다듬을 리 없고(〈겨울연가〉, 2002), 캐리(사라 제시카 파커)를 동경했던 사람들이 뉴욕 도처의 관광 명소를 두고 '매그놀리아 베이커리'로 달려갔을 리 없기 때문이다(〈섹스 앤드 더 시티〉). 이렇듯 캐릭터는 시간이 지나도 장소에 깃들어 살아 숨쉰다.

시청자는 텔레비전이라는 포털을 통해 캐릭터의 아주 일부만을 엿보지만, 그들의 삶에는 훨씬 더 많은 부분이 있을 거라 상상해본다. 그들은 우리가 보는 것처럼 화장을 진하게 한 상태로 잠드는 것이 아니라 세수도 못 한 채 잠시 누웠다가 화들짝 일어나 이중 세안을 하고, 매일 술과 야식을 먹는데도 저리 날렵한 것이 아니라 보이지 않는 시간에 식단 조절과 운동을 병행하는 것이리라. 이 세계의 우리처럼.

무엇보다도 그들의 삶은 서로 연결되어 있을 것이다. 여섯 다리만 건너면 세상 모든 사람을 알 수 있다던데, 서울이라는 세계를 배경으로 그 안에 살고 있는 인물들이라면 더더욱 그렇지 않을까?

우선 드라마 속 그 수많은 '한국대학교' 동문을 살펴보자.[52] 한국대에서 건축설계를 전공한 박동훈(고故 이선균, 〈나의 아저씨〉)과 토목과 출신인 최반도(손호준, 〈고백부부〉, 2017)는 같은 단과대였으니 학번이 엇비슷하다면 안면이 있을 것이다. 〈우리, 사랑했을까〉(2017)의 노애정(송지효)과 〈마인〉의 서희수(이보영)는 연극영화과 선후배 사이다. 〈로스쿨〉(2021)의 양종훈 교수(김명민)와 〈앨리스〉(2020)의 물리학과 윤태이 교수(김희선)는 서로 일면식이 없을지라도, 두 사람 모두 저명한 경영학과 석좌교수 차병준(김의성)의 존재(〈알함브라 궁전의 추억〉, 2018~2019)는 알고 있었을 것이다.

학연뿐만이 아니다. 일러스트레이터 윤서래(김희애, 〈아내의 자격〉)가 표지 작업을 한 책을 대형서점 주임 이동진(감우성, 〈연애시대〉, 2006)은 분명 보았을 것이다. 출판사 편집부 팀장인 이서연(수애, 〈천일의 약속〉, 2011)과 이동진은 어쩌면 명절에 선물을 보내는 관계였을 터. 3년 차 로펌 변호사 변혜영(이유리, 〈아버지가 이상해〉, 2017)은 굴지의 로펌 오너 한정호(유준상, 〈풍문으로 들었소〉)를 모를 리

---

52 해당 부분을 잘 정리해주신 인터넷 커뮤니티 '이토랜드'의 '와령이' 님께 감사드린다.
www.etoland.co.kr/bbs/board.php?bo_table=etohumor05&wr_id=1449331
더 많은 가상의 한국대학교 동문이 궁금하다면 나무위키 '한국대학교'를 참조하라.

없다. 여유로운 삶을 즐기는 부암동 주민 최한성(이선균, ⟨커피프린스 1호점⟩, 2007)은 아침 산책 길에 김삼순(⟨내 이름은 김삼순⟩)이 동네에 차린 베이커리에 들렀을 가능성이 농후하다.[53]

같은 시간에 그들은 어쩌면 서로를 알고 좋아하고 싫어하고 신경 쓰고 의지하고 존경했을지 모른다. 만약 그런 세계가 존재한다면, 그들의 SNS를 살펴보고 싶다.[54] 최반도가 새로운 사업 시작을 알리는 박동훈의 게시물에 응원의 댓글을 남기고, 최한성이 김삼순의 빵으로 먹스타그램을 하는 세계를 그려본다. 내가 보지 못한 너머의 세계에서 그들이 그저 배낭 안의 몬스터처럼 진한 화장을 한 채 잠드는 것이 아니라 거리를 자유롭게 활보하며 서로 관계 맺고 살아가기를 바란다.

---

[53] 2019년 여름 『계간시청각』 3호에 기고했던 본인의 원고 「나올 필요 없다: 거의 확실하고 점점 커지는 세계」 내용을 수정 인용했다. 배우들의 세계관을 아름답고 요연한 그래픽으로 정리하고 현실과의 연결점을 찾아준 홍은주 작가의 ⟨거의 확실한⟩(2017)에 대한 글이다.

[54] 실제로 요즘은 드라마 캐릭터에 현실감을 더하기 위해 SNS 계정을 운영하는 사례가 많다. 이 부분에 대한 연구는 다음을 기약한다.

3부 수행

Growl: 사극과 메탈의 으르렁거림

최윤석

사극의 발성과 메탈의 그로울링 창법을 연결 지어 지식을 학습하고 발성을 연습하여 몸소 익힌다. 서로 닮은 두 장르의 분석에 경험을 더하여 사운드와 드라마의 가치를 재발견하는 수행修行의 기록.

최윤석

미술가이자 연출가로 자전적 에피소드를 다양한 매체와 방법으로 작품화하며 일상과 예술의 경계에서 발생하는 예측 불허의 순간을 쫓고 있다. 《얼굴을 기다리며》 등 개인전과 《카운팅에어》, 《극장》 등 기획전에 참여했다. 렉처퍼포먼스 플랫폼 '유리거울'을 2016년부터 2022년까지 운영했고, 공연 〈환등회〉와 〈스텝업-하드디스크〉를 공동 연출했다. 드라마 연구회의 연구원으로서 드라마의 소리에 중점을 둔 연구에 주력하고 있다.

□ **3부 차례** □

1. 들어가며 · **190**

2. 목 풀기 · **197**

3. 첫 사극 · **203**

4. 첫 메탈 · **212**

5. 죽어가는 목소리로 · **219**

6. 최수종 되기 · **225**

7. 검은 젖는 원숭이의 말할 수 없는 비밀 · · · · · · · · · · · · · **232**

8. 사극랜드 · **240**

9. 새드 레전드 · **247**

10. 으르렁거리며 · **254**

1. 들어가며

2023년이 저물어갈 무렵, 나를 둘러싸고 무심히 흘러가던 두 개의 흐름이 예기치 못한 지점에서 맞닿았다. 하나는 당시 인기리에 방영되고 있던 〈고려 거란 전쟁〉이 불러일으킨 정통 사극을 향한 노스탤지어였고, 다른 하나는 고작 몇 번 찾아 들었다는 이유로 나의 SNS 계정에 범람한 메탈 음악 관련 콘텐츠였다. 뜻밖에 공존하게 된 이 둘은, 처음엔 무관해 보였지만 어느 순간부터 묘하게 겹쳐 보이기 시작했다. 사극과 메탈 음악이 어딘가 서로 닮아 있다는 막연한 추측은 무용해 보이지만 재미로도 미학적으로도 흥미로운 발견이었다. 서로 상이한 두 장르가 영향을 주고받았을 가능성은 희박하다. 하지만 만일에 아득히 먼 과거로부터 이 둘이 하나의 뿌리를 공유하고 있었고, 우리는 그저 그것을 까맣게 잊고 있었던 것이라면? 나는 한가로운 공상에 이끌려 이들의 관계를 조금 더 유심히 들여다보기로 하였다.

시작은 이렇다. 드라마 연구회는 발족 첫해를 자축하며 동료 연구원들과 함께 2023 MBC 연기대상과 〈고려 거란 전쟁〉의 본방송을 사수하는 자리를 마련하였다. 일찌감치 모인 연구원들은 시상식이 시작되기 전, 연구의 임무를 게을리했던 나를 위해 정통 사극의 부활을 내건 특별기획작 〈고려 거란 전쟁〉 요약본을 함께 시청하며 곁에서 다정하고 소상한 길잡이의 역할을 해주었다. 정통 사극 특유의 무게감과 나라를 위해 목숨을 바치던 선조들의 충정을 보고 있자니, 가슴이 웅장해지는 동시에 출연 배우들의 물샐틈없는 연기력을 관람하는 재미가 일품이었다. 거듭되는 반목과 화해로 고성이 오가는 정쟁 속에서도, 창과 방패가 부딪쳐 발생하는 파열음이 난무하는 전쟁통에서도 귀에 내리꽂히는 듯한 배우들의 발성은 매우 인상적이었다. 정사正史를 토대로 부활한, 반쯤은 허구의 인물들이 문어체와 구어체의 경계에 놓인 정통 사극 특유의 말투와 천둥호랑이[1]와 같은 포효로 티브이 화면을 뒤흔들었다.

한껏 들이마신 공기를 복부까지 밀어 내린 후, 횡격막으로 추정되는 기관에 압력을 가하여 복압을 형성시킨 다음, 마셨던 공기를 다시금 역류시킴으로써 추진된 에너지로 성대를 거칠게 진동하여 내뱉는 소리. 그 소리는 날카로운 이를 드러내며 상대를 향해 으르렁거리는 맹수를 떠오르게 한다. 이를테면 〈정도전〉(2014) 17화 방송분에서 이성계(유동근)가 정몽주(임호)에게 자신이 오랫동안 품어왔던 욕망을 노골적으로 드러내며 비장한 고백을 건네는 장면에서 이러한 소리의 속성은 잘 드러난다.

[1] '천둥호랑이'는 가수 권인하의 별명으로, 신세대 가요를 진성으로 열창하는 그의 창법을 묘사한 말이다.

"야! 정몽주! 왕후장상의 씨가 따로 있는 거니?
왕 씨는 오백 년이나 해 처먹은 임금질을
나는 하면 아니 되는 거니?!"

이는 〈정도전〉의 손꼽히는 명장면 중 하나로, 그동안 이성계가 어좌에 오르기 위해 펼쳐온 자신의 처세와 은밀한 계략까지 낱낱이 밝히며 비로소 본색을 드러내는 장면이다. 이성계의 모습은 이제부터라도 자신의 야욕에 충실하여 어떤 수를 써서라도 반드시 임금의 자리에 오르고 말겠다는 서슬 퍼런 의지를 드러낸다. 소리의 고저와 질감, 발음의 정확도 그 어느 것 하나 놓치지 않는 배우의 오차 없는 연기 기술은 야생의 상태로 회귀하는 인간의 모습을 현현하게 그려낸다.

돌이켜보면, 이성계와 마찬가지로 나의 삶 역시 인정투쟁으로 점철되어 있었다. 다만, 인정을 향한 욕망이 이성계와는 달리 수수하고 효율이 좋았던 터. 철모르던 시절에는 그저 타인의 관심이나 끌어보고자 치기 어린 말을 떠벌리고 다니는 것이 고작이었는데, 시쳇말로 '어그로'를 끌어 상대의 이목을 잠시나마 집중시키는 것만으로도 가여운 나의 욕망은 손쉽게 충족되었다. 부모를 비롯한 동경의 대상으로부터 인정받기를 갈망하면서도 그것을 온전히 쟁취하는 일에는 지레 겁을 먹고 뒷걸음질 치던 나태와 무기력으로 점철된 인정 투쟁의 역사가 막 시작될 때쯤, 나는 록 음악을 만났다.

당시 록 음악 감상이 취미라고 방귀 좀 뀌던 애들 사이에서는 두 가지 장르가 선택지로 놓였다. 바로 '얼터너티브 록 alternative rock'과 '헤비 메탈 heavy metal'이었다. 얼터너티브 록은 특유의 염세적인 가사, 자유분방한 연주 실력과 가창을 내세운 장르로, 나를 위시하여 '쿨병'에 몸살을 앓고 있던 어린 리스너들의 니즈를 충족시키기에 모자람이 없었다. 반면, 헤비 메탈은 자로 잰 듯 정교한 사운드와 육중한 보컬의 앙상블이 탁월한 장르다. 음악의 정통성을 운운하며 차가운 머리와 가슴속 정열에 입각한 감상을 최고의 가치로 여기던 아이들로부터 절대적 칭송을 받았다.

우리는 각자 타고난 성정과 취향에 따라 장르를 선택하고 종종 어느 장르가 우위에 있는지 꽤나 진지한 토론을 벌였다. 그만큼 음악은 그 시절 우리 삶에서 무척 중요한 자리를 차지하고 있었다. 당시 나는 서태지의 영향으로 얼터너티브 록과 해당 장르에서 파생된 음악을 주로 들었으며, 지금까지도 부지런히 플레이 리스트를 갱신하는 중이다. 다만 이제는 과거의 장르 갈라치기에서는 벗어나 카테고리 불문의 취향으로 변모해 과거에 차갑게 외면했던 메탈 음악과 밴드는 물론 문화에까지 관심 영역을 확장해가고 있다.

과거에 외면했던 메탈 음악을 새롭게 접하면서 발견한 것 중 하나가 바로 그들만의 독특한 발성법이다. 특히 성대를 혹사하는 듯한 메탈 음악의 '그로울링growling 창법'[2] 역시 원시, 야생의 이미지를 상기시킨다. 예컨대 미국의 뉴메탈 밴드인 콘Korn은 자신들의 두 번째 정규 앨범 「Life is Peachy」(1996)의 첫 번째 트랙 「Twist」에서 거친 창법을 현란하게 구사한다. 마치 맹수의 으르렁거림을 연상시키는 소리가 쉴 새 없이 휘몰아치는 가운데 후렴구에 해당하는 'Twist, twist…'라는 가사만을 겨우 알아들을 수 있다.

> Yehna ooh ra-oh-ra nat eembat ratat bat datoo ra-ah enoo rat-at-teekah da bou seekah ooh radasum beepa a oum bo rigasign oh rasah-oh reehum oh nana oh heeho no rasa heeho oh deeda boh-he yah deeda roh rah! Twist. Twist…[3]

앨범의 서곡에 해당하는 「Twist」에서 밴드의 보컬 조

---

2 저음의 울림을 극대화하여 내는 창법

3 밴드의 유튜브 공식 채널에 올라온 「Twist」 공식 음원 영상에 달린 댓글 중에 보컬이 내뱉는 소리를 들리는 대로 적은 비공식 가사가 위와 같이 존재한다.
www.youtube.com/watch?v=TcePkwagNFA

너션 데이비스Jonathan Davis는 기존 메탈 보컬의 방법론을 계승하면서도 장르의 전형을 보기 좋게 외면하듯 변칙적 악기 연주와 불협화음을 이루는 창법을 선보인다. 그것은 흡사 재즈의 스캣Scat마저 떠올리게 한다. 이처럼 보컬이 제멋대로 중얼거리며 조울躁鬱의 감각을 어지럽게 넘나듦으로써 낯선 청각적 유희를 성취한 배경에는 모든 가능성을 열어두고 연주에 임했던 밴드의 의도가 숨어 있다. 어쩌면 이들은 즉흥 연주를 통해 발현되는 날것의 에너지를 순간적으로 폭발시킴으로써 인간의 내면 깊이 자리하고 있던 야성을 끄집어내고자 했던 것인지도 모른다.

발생 연원이 서로 다른 '사극'과 '메탈'이 상호 교류를 통해 발성법과 창법을 발전시켰을 리는 만무하지만, 이들이 만들어내는 소리는 공통적으로 위기 상황에서 인간이 내지르는 포효처럼 들린다. 어쩌면 이들은 '본능'이라는 닮은꼴을 지닌, 왕래는 없지만 유전자는 공유하고 있는 사촌지간이지 않을까. 태초의 생존 기술인 '으르렁거림'은 지난한 시간을 거쳐 지구촌 곳곳에서 판소리, 움코콜로Umngqokolo[4], 호미Khoomei[5], 쿨닝Kulning[6]과 같이 다채로운

    4   남아공의 일부 코사족 여성들에게서 이어져오는 배음 창법

    5   몽골의 전통 배음 창법

    6   스칸디나비아의 음악 형식으로, 가축(소, 염소 등)을 부르고 포식자

외연을 갖추게 되었을 것이다. 이렇듯 진화의 과정 아래로 아득한 태고의 기억이 흐르면서 지구의 시간과 문명이 열매를 맺도록 돕고 있다면, 사극의 발성과 메탈의 그로울링 또한 이 과실에 해당하는 것은 아닐까?

'Growl: 사극과 메탈의 으르렁거림'은 사극과 메탈 음악의 배경지식을 학습하고 발성 표현을 실습하는 가운데 떠오르는 단상을 기록한다. 다만 본 연구 활동은 발성과 가창의 실력을 배양하기 위함이라기보다는 두 장르의 기술을 둘러싼 주변 지식과 경험을 습득하고, 의의와 맥락까지도 더듬어 고찰하여 글로 써내려가보는, 사극과 메탈의 라이트 팬[7]이 수행하는 정신적 레저 활동임을 일러둔다. 어느 미술 작가가 짧은 지식과 경험을 가지고 떠나는 외도의 여정은 가고자 하는 방향이 불분명하기에 더욱 설렌다. 바라건대 서로 다른 표현 양식의 연원을 거슬러 오르며 어디론가 가닿을 수 있길 바라며…. 아울러, 열혈 팬들의 심기를 거스르지 않길 소망한다.

(회색늑대, 곰 등)를 겁주는 역할을 한다.

7 운동 경기나 선수 또는 연극, 영화, 음악 따위나 배우, 가수 등에게 관심과 호감을 가지고 가볍게 즐기는 팬

2. 목 풀기

 연구를 시작하려다 문득 간과한 사실이 하나 있음을 깨달았다. 그것은 실습을 수행하기에는 너무나도 연약한 나의 목 상태였다. 마흔을 기점으로 나는 목소리를 높이지 않아도 금세 목이 잠겨버리는 신세가 되었다. 얼마 전까지 흡연도 하고 있었고, 대학 시간 강사로 일하며 목을 혹사하는 것은 물론 식사 직후 비스듬히 눕는 행복을 십 수 년째 추구해오다 결국 역류성 식도염에 곁을 내어주며 성대는 빠르게 노화되었다.

 증상이 심해지고 나서야 병원을 찾아갔고, 의사로부터 '성대 결절'이라는 진단과 함께 '성대 건강을 위한 음성 위생 준수 사항'을 건네받기에 이르렀다. 성대 건강을 위한 안내문에는 앞서 내가 성대를 혹사해왔던 방법과 개선책이 나란히 적혀 있었다. 내시경 카메라로 살펴본 바, 나의 성대를 감싸고 있는 주변은 염증으로 빨갛게 부풀어 있었고, 결절로 인해 주름 장식처럼 변형된 성대가 가성대 너머 처연히 펄럭이고 있었다. 그간 성대를 학대하며 살아온 날에 대한 후회로 울컥 목이 메었지만 음성 위생 준수 사항 중에는 '울지 말 것'이라는 권고 사항이 적혀 있어 애써 눈물을 삼켜야만 했다.

 현재의 목 상태를 간과한 채로 사극의 발성과 메탈의

그로울링을 연습하겠다고 나선 것이 돌연 겸연쩍은 일이 되어버렸다. 그러나 이왕 시작하기로 마음먹었으니 천리 길도 한 걸음부터, 우선 목을 푸는 방법을 찾아보기로 한다.

여느 발성법이 그러하듯 사극과 메탈의 발성 또한 성대를 혹사하지 않고 충분한 성량을 만들어내는 것이 핵심 기술이다. 이를 위해서는 발성과 관련된 해부학적 지식과 성대를 제어하는 요령이 필요하기 때문에 사극 발성과 메탈의 그로울링은 반드시 체계적인 보컬 훈련이 선행되어야 한다. 무턱대고 소리가 들리는 대로 괴성을 질러 흉내 내는 일을 반복한다면 목에 치명적인 부상이 거듭되어 일상생활에도 지장을 초래할 수 있다. 우리 모두 자신의 성대를 긍휼히 여겨 아끼고 보호하는 노력을 기울이고, 부디 일상을 영위하는 데 어려움이 없기를 바란다.

비록 나는 배우도, 메탈러도, 그 무엇도 되고 싶은 마음이 없지만 서로 같고 또 다른 두 가지 울부짖음에 애정을 가지고 이들의 관계를 관찰하는 사람으로서, 본격적인 연구 활동에 앞서 손상된 목소리가 나아질 방도를 모색하며 연구를 시작하고자 한다. 성대의 건강을 어느 정도 회복해야 소리에 관한 연구를 지장 없이 수행할 수 있을 터. 혹여 연습 중에 발생할 수 있는 부상으로부터 효과적으로 회복하는 방법을 사전에 익혀둔다면 장차 성대가 겪을 시련을 미연에 방지할 수 있으리라.

첫 번째로 살펴본 방법은 '헛기침'이다. 흔히 목이 잠겼을 때 습관적으로 헛기침을 하여 성대에 남아 있는 이물질을 배출하는데, 과연 목 풀기에도 헛기침이 효과가 있는지 궁금했다. 헛기침은 성대에 마찰을 일으켜 충격을 유발하는 원리인데, 이것은 마치 근육 세포가 손상과 재생을 반복하며 더욱 튼튼한 근육을 형성하는 원리와 비슷해 보인다. 더위를 보다 더한 열기로 다스리는 이열치열, 소림사의 철사장 훈련과 일맥상통할지도? 그러나 의사로부터 건네받은 '성대 건강을 위한 음성 위생 준수 사항'에 따르면 헛기침을 자주 하는 경우, 고함을 계속 내지르는 것과 같은 충격이 성대에 축적되어 미세 혈관이 손상되며 성대에 폴립[8]이 발생할 수도 있다고 한다. 목 상태를 호전시키는 방법은 수분을 많이 섭취하고 가급적 목소리를 내지 않는 등 자극을 최소화하는 것이라는데[9] 그동안 목소리가 잠길 때면 더욱 강력한 헛기침으로 목을

8 점막에서 증식하여 혹처럼 돌출한 것

9 '헛기침 자주 하면 성대에 "혹" 생길 수도', 헬스조선, 2020.11.25. health.chosun.com/site/data/html_dir/2020/11/25/2020112501627.html

가다듬던 습관을 돌이켜보면 아찔하다.

헛기침에 이어 떠올린 방법은 티브이 매체를 통해 자주 접했던 '날달걀 요법'이다. 특히 극 중 인물이 노래를 부르기 전 또는 중요한 연설을 앞두고 날달걀을 깨 먹는 장면은 지금까지도 드라마에 종종 등장한다. 그만큼 명실상부 대표적인 목 풀기 방법이라고 할 수 있다. 그러나 미끄덩한 질감의 달걀이 성대를 보드랍게 감싸줄 것만 같다는 예상과 달리 날달걀은 성대에 아무런 효능이 없다고 밝혀졌다.[10] 오히려 살모넬라균의 위험에 노출될 가능성이 있어 오염 물질이 묻어 있는 달걀 껍데기를 깨는 과정에서 이를 섭취하면 끔찍한 토사곽란을 일으킬 수 있다는 경고가 지배적이었다. 하마터면 연습 중 인간의 존엄을 크게 상실하는 불상사가 발생할 뻔하였다.

세 번째로 떠올린 방법은 '동종 요법'이다. 예로부터 인간은 자신의 아픈 부위를 치료하기 위해 그것과 같거나 닮은 모양새의 음식을 섭취하는 민간요법을 활용했다. 이는 신체 장기와 닮은 과일이나 채소, 또는 다른 동물의 신체 부위를 섭취함으로써 손상된 나의 몸이 회복될 것이

---

[10] '날달걀 먹으면 정말 목소리 좋아질까', 헬스경향, 2020.4.22.
www.k-health.com/news/articleView.html?idxno=48172

라는 믿음에 근거한다. 이를테면 호두와 뇌, 강낭콩과 신장과 같이 신체 부위와 닮은꼴 식품의 영양소가 특정 부위에 효능이 있다는 논리다. 허리가 안 좋을 때는 지네를 가루로 내어 먹는다거나 심지어 고양이에게 물렸을 때 고양이 털을 태워 재를 상처에 바르는 등의 주술적 시도도 심심찮게 발견된다. 플라세보 효과에 지나지 않는 요법이라지만, 그럼에도 성대와 닮은 식품이 나의 연약한 성대를 보강해줄 수 있지 않을까? 나는 성대의 회복을 궁리한 끝에 소의 울대를 섭취하는 방법을 떠올리고 압구정에 위치한 일본식 고기구이 집을 방문하였다.

울대는 머리와 기도 사이의 발성 기관인 후두 가운데 위치한 탄력 있는 인대로, 공기가 자유롭게 출입하는 통로를 지칭한다. 허파와 성대를 잇는 기능에 따라 단순히 파이프와 같은 모습을 상상하던 차, 마침내 내 성대의 유사기관이 식탁에 올랐다. 소의 울대는 한 뼘 정도 되는 길이의 원통형 기관을 세로로 길게 가른 후 펼쳐 여러 장을 얇게 포갠 상태로 서빙되었다. 첫인상은 흡사 중국 요리에 애용되는 푸주[11]와 닮아 있었는데, 집게로 집어 들었을 때 흐물흐물했던 것이 화로에 굽기 시작하자 넓게 펼쳐진 면의 주름진 안쪽으로 돌돌 말려 다시금 원통 모양으로

---

11 부죽(腐竹). 두유를 끓여 표면에 생기는 막을 떠서 건조하여 만든 음식

회귀했다. 그 모습은 마치 어묵의 일종인 '치쿠와'와도 닮았다. 소위 말하는 꼬들꼬들한 식감으로, 입안에서 요란한 소리를 내며 분해되는 울대는 쫄깃함에서 시작하여 가루에 가까운 형태로 부서졌고, 이를 통해 해당 부위의 질감과 강도를 미루어 짐작할 수 있었다. 이후에 알아본 바에 의하면 울대 구이는 단단한 내장 기관이라 요리 전에 푹 삶아 부드럽게 만드는 초벌 과정을 거친 후 구워 먹는 것이 일반적이라고 한다.

강도와 탄력을 두루 갖춘 기관을 통해 공기가 드나들고 성대를 진동하여 소리를 생성해왔던 것이라니. 눈앞에 차려진 울대의 다채로운 즐길 거리 가운데 음식을 맛보는 것만으로도 성대의 해부학적 원리와 발성의 이치가 저절로 학습되는 듯하였다. 비록 대번에 효능을 나타내진 않았지만 목 상태가 호전되기를 바랐던 마음은 훌륭한 미각 체험과 포만감으로 위안을 얻을 수 있었고 그것으로 충분했다.

(배를 두들기고 목을 가다듬으며) 그럼 이제 연구를 시작해볼까!

(내적 그로울링을 내지르며) 분연히 앞으로!

3. 첫 사극

나는 종종 '처음'에 골몰한다. 이를테면 이 세계에서 '처음' 생명체라고 부를 수 있는 것의 탄생부터 지금 손에 쥐고 있는 사물을 가장 '처음' 사용했던 누군가와 연결되는 상상. 혹은 애호하는 사진 작가가 '난생처음' 카메라 셔터를 누른 영광의 순간에 대한 상상에 속절없이 사로잡힐 만큼 '처음'이라는 찰나의 순간이 발생시키는 생명력과 에너지는 강렬하다.

'나의 처음' 또한 궁금하다. 아무리 애를 써 기억해내려 해도 네댓 살 언저리의 아주 짧은 몇몇 순간을 간신히 생각해내는 게 고작인데, 이마저도 최근 눈에 띄게 진행되고 있는 기억력 감퇴로 유년 시절의 기억은 이제는 아득한 일이 되어버렸다. 내 기억이 미처 닿지 못하는 부분에 대해서는 어머니에게 도움을 요청한다. 그중 주된 궁금증은 내가 세상에 절반만 존재하던 때, 그러니까 복중 태아를 향해 있다. 나의 성가신 물음에 모친의 기억은 출산했을 당시 서울의 신설동에 위치했던 (지금은 사라진) 김국보 산부인과의 혹독하게 추웠던 산모 대기실에서 출발해 모질었던 시집살이를 거쳐 태교에 정성을 들이지 못했다는 자책으로 끝나버리기 일쑤였다. 때문에 궁금증은 제대로 해소된 적이 없지만, 나는 몇 번이고 어머니의 이야기를 들으며 혹시나 불현듯 떠오를지도 모를 그날의 기억을 고대한다.

'역사는 현재를 비추는 거울이고, 미래의 길을 제시하는 나침반[12]'이라고 했던가. 대상을 온전히 이해하고자 하는 방편으로 그것의 연원을 따라 거슬러 올라가다보면 연구를 위한 실마리를 찾을 수 있을 것이다. 나는 내가 사극과 메탈을 만난 '처음'을 찾아 나서기로 했다.

내가 '사극'이라고 인식한 최초의 작품은 〈전설의 고향〉(1977~1989)이다. 여름밤, 손바닥으로 얼굴과 귀를 번갈아 감싸가며 손가락 틈으로 겨우 시청했던, 당시엔 무시무시했던 공포 드라마는 한반도 지역에 걸쳐 전해지는 전설과 민간 설화를 소재로 한 시리즈물이다. 1977년 첫 방영을 시작해 1989년에 종영했는데, 그로부터 7년이 지난 1996년부터 1999년까지 매해 여름, '납량 특집'이라는 이름의 정규 편성으로 돌아왔다. 이후 두 번째 휴방 기간을 거쳐 '2007, 첫 사극 공포'라는 타이틀을 앞세운 극장판으로 개봉되었으며, 2008년부터 2009년까지 방영된 새

---

12 김영수, 『성공하는 리더의 역사 공부』, 창해, 2024를 참고. 사마천은 '술왕사(述往事), 지래자(知來者)'라고 했는데, '지난 일을 기술하여 다가올 일을 안다'라는 뜻이다.

로운 시리즈가 마지막 공식 편성이 되었다.[13]

처녀 귀신과 저승사자, 구미호의 모습으로 대표되는 〈전설의 고향〉 중 지금까지도 강렬하게 기억에 남아 있는 에피소드가 있다. '내 다리 내놔'로 잘 알려진 '덕대골' 편(〈전설의 고향〉 6화, 1996)이 바로 그것이다. 매일 밤 영험하다는 폭포에 남편의 쾌유를 빌러 나가는 아내의 정성에도 불구하고 쇠약해질 대로 쇠약해진 남편은 밤마다 집을 나서는 아내를 훔쳐보다 병세는 물론 의처증마저 악화되어 온갖 괴롭힘을 일삼기에 이른다. '긴 병에 효자 없다'라는 말처럼 언제 끝날지 모르는 긴 간병 생활에 지친 아내는 덕대골에 버려진 시신들 가운데 사흘 된 시체의 다리를 잘라 약으로 쓰면 원인 모를 병으로 오랜 시간 병상에 누워 있는 남편(백윤식)이 씻은 듯이 나을 것이라는 떠돌이 스님의 말을 전해 듣는다. 절박한 아내는 지푸라기라도 잡는 심정으로 비가 억수로 쏟아지는 어느 밤 시체가 즐비한 무덤으로 혈혈단신, 식칼 한 자루와 함께 길을 나선다. 남편을 위해 시체 다리까지 구하러 떠난 담대한 아내의 치성이 눈물겹고 그저 놀라울 따름이지만, 이보다 더욱 놀라 자빠질 일은 아내에 의해 다리가 잘리자마자 용수철처럼 튀어 올라 "내 다리 내놔!"라며 끈질

---

13 2013년 네이버 웹툰에서 납량 특집으로 연재된 웹툰 시리즈가 있으나, 드라마와의 연관은 없다.

기게 아내의 뒤를 쫓던 시체(이광기)의 모습이다. (이 장면이 연령 제한 없이 그대로 송출되었다는 사실 때문에 훗날 다시 한번 놀랐다.)

부모보다 먼저 세상을 떠난 자식의 죽음을 불효로 여겨 시체를 아무렇게나 유기하는 덕대골에 버려진 것도 억울한데, 다리까지 잘린 시체의 울부짖음은 마이크가 소리를 담을 수 있는 한계를 벗어나 갈기갈기 찢어지는 소리가 되어 시청자의 공포감을 배가했다. 이렇게 남은 다리 하나로 고래고래 소리를 지르며 겅중겅중 산속을 뛰어다닌 이광기 배우의 집념은 〈전설의 고향〉 대표 명장면으로 탄생하였다.

별안간 다리를 상실한 시체의 절규는 그로울링 그 자체였다. 물론 기술적 측면에는 이견이 있을 수 있으나, "내 다리 내놔!"라며 자신이 느끼는 고통과 회복할 수 없는 상실감을 안겨준 대상을 쫓으며 외치는 단말마의 비명에서 조금도 모자람 없는 그로울링의 전율을 느낄 수 있었다.

이러한 가운데 문득 〈전설의 고향〉을 사극으로 분류할 수 있는지 의문이 들었다. 조사한 바에 의하면 이 작품을 사극으로 분류하는 기사가 있는 반면, 위키백과에서는 '고전 호러 드라마 시리즈', '고전 형식의 시추에이션 드라마'로 호명하고 있기 때문이다. 거대 담론의 역사가 아닌 한반도 각 지역에 실존하는 민간설화와 전설 또는 미시사微視史를 극화하는 방식 때문에 이를 사극으로 보기도, 사극의 외투를 입은 또 다른 갈래로 보기도 하는 듯하다.

작품을 양가적인 시선으로 바라보게 되는 흥미로운 이유는 연출 방식에도 있다. 예컨대 해당 작품의 주요 기틀을 마련한 1970~1980년대의 〈전설의 고향〉은 이야기가 시작하거나 끝나는 시점에 늘 '이 이야기는 ○○도 ○○ 지방에서 전해져 내려오는 전설로…'라는 해설을 덧붙이는데, 이러한 구성은 극의 역사적 신빙성을 더한다. 반면, 새하얀 소복 차림에 머리를 풀어 헤친 처녀 귀신, 청백색 얼굴에 칠흑같이 검은 두루마기와 갓을 올려 쓴 저승사자, 한껏 과장한 여우의 모습을 한 구미호는 〈전설의 고향〉의 아버지라 불리는 최성식 PD가 창조한 것으로 알려져 있다. 이들이 역사적 고증보다는 작가의 상상력에 의존해 탄생한 허구의 존재라는 사실은 〈전설의 고향〉이 사극보다는 과거를 배경 삼아 펼쳐 보이는 호러 드라마에 가까움을 보여준다.

> "〈전설의 고향〉 이전에는 캐릭터화된 이미지가 없었어요. 한국형 죽음의 이미지를 만들어보자 고심을 하다가… 죽음의 이미지는 새카만 색이잖아요. 까만 도포를

입히자! 그리고 까만색에 대비되게 얼굴은 하얗게 칠하자! 입술은 새까맣게 악센트를 주자! (중략) 대구에서 그 당시에 어떤 할머니가, 돌아가셨다가 깨어나신 분이 '죽어보니까 저승사자가 진짜 〈전설의 고향〉에서 보던 모습과 똑같더라' 이렇게 말했다고…."[14]

이처럼 호러와 역사극의 경계에 있는 〈전설의 고향〉이지만, 이 작품은 나에게는 엄연한 사극이다. 무엇보다 아래로부터의 역사, 작은 공동체 단위의 일상이 강조된 미시사를 다룬다는 측면에서 〈전설의 고향〉은 사극으로서 중요한 위치를 차지하고 있다.

한편 나의 '첫 사극'과는 무관하게 한국의 방송 역사상 최초의 사극은 티브이 브라운관이 아닌 라디오에서 시작되었다고 한다. 1960년 5월 30일 KBS 1 라디오를 통해 처음으로 송출된 우리나라 최초의 연속사극 〈당쟁비화〉(김희창 작, 이상만 연출)는 제목을 통해 유추할 수 있듯 조선시대의 당파 싸움으로 인한 사회적인 비극이 한 가정의 일상에 영향을 끼치는 내용을 그린 역사극이다. 지금은 총 20편 중 2화와 20화가 소실된 채 총 18편이 남아 다행

---

[14] 〈유퀴즈 온 더 블럭〉 96화, '시대를 잘 못 타고난' 특집, 최상식 인터뷰 중 (tvN, 2021년 3월 3일 방영)

히 로스트 미디어[15]의 운명을 피할 수 있었다.

〈당쟁비화〉 역시 역사 속 영웅을 호출하는 기념비적인 내용보다는 역사의 하위 주체를 그린 작품으로, 시대의 흐름과 그 영향 아래에 놓인 한 가정을 다루고 있다. 이것이 작가에 의해 만들어진, 역사적 사실을 배경으로 한 팩션[16]이라는 측면, 그리고 '연속사극'이라는 명칭을 전면에 내세운 점으로 볼 때 〈당쟁비화〉는 정사를 바탕으로 한 사극이라는 데 이견이 없을 테다. 이 작품의 흥미로운 점은 지금의 사극에서도 보이는 전형적인 인물 묘사의 흔적을 찾아볼 수 있다는 점이다. 이를테면 달뜬 말투의 남자 하인, 무슨 이유인지 잔뜩 주눅이 든 목소리의 여자 하인, 그리고 남녀노소를 막론하고 무게감 있고 진중한 말투를 쓰는 집주인 가족들을 묘사하며 청취자를 역사의 현장으로 초대한다. 이후 진화를 거듭해 고도화된 현대 사극의 시각에서 바라보자면, 〈당쟁비화〉 속 인물들은 그저 단순하게 묘사되어 있고 전개 또한 지난한 느낌을 준다. 그러나 이 작품이 최초로 기록으로 존재하던 과거의

---

15 Lost Media. 과거 방영 또는 공개되었던 영상물이나 게임 등의 미디어 가운데 현재는 일반적인 방법으로 접근할 수 없거나, 자료가 완전히 유실되어 그 존재가 간접적인 기록이나 소수 사람들의 기억을 통해서만 알려져 있는 것

16 Faction. 팩트(fact)와 픽션(fiction)을 합성한 신조어로, 역사적 사실이나 실존 인물의 이야기에 작가의 상상력을 덧붙여 새로운 이야기를 재창조하는 문화예술 장르를 말한다.

시대상을 드라마 형식을 빌려 구현해내고, 현재 우리가 즐겨 시청하는 사극의 기틀을 마련했다는 점은 한국 드라마 역사에서 결코 간과할 수 없는 성취로 평가된다.

지금까지 살펴본 것처럼 〈전설의 고향〉과 〈당쟁비화〉는 현대의 정통 사극과 닮은 듯하면서도 사뭇 다른 모습을 지녔다. 그렇다면 어디까지를 사극의 범주에 포함할 수 있을까? 정사와 야사, 그리고 미시사를 아우르며 이야기를 전해온 사극의 범위를 어떻게 정의할 수 있을까? 예컨대 〈전설의 고향〉과 같이 시대적 배경과 민족적 정서에 허구의 요소를 결합하는 작품이나 〈당쟁비화〉처럼 실재했던 역사적 사건을 간접적으로 다루는 작품도 정통 사극으로 부를 수 있을까?

사극이 단순히 역사적 사실을 재현하는 데 그치는 것이 아니라, 시대적 맥락 위에서 과거와 현재의 가치관과 정서를 겹쳐 보는 장르라면, 그것의 정의 역시 넓고 유연하게 바라봐야 하지 않을까. 이러한 관점에서 실존 인물을 중심으로 역사의 주요 흐름을 다루는 작품이든, 민간에서 전승된 이야기와 상상력을 가미한 작품이든, 역사의 다채로운 측면을 공유하고 즐기며 그 안에서 당대의 삶과 정신을 새롭게 조명하는 작품이라면 넓은 의미에서의 사극이라고 볼 수 있을 것이다.

마지막 화 방영으로부터 15년가량 흐른 지금, 후속작 소식이 요원한 〈전설의 고향〉은 결국 제목처럼 전설로 남게 될까? 〈당쟁비화〉 역시 얼마 전까지 유튜브에 업로드되어 있던 자료가 전부 삭제되면서 다시금 미지의 영역으로 사라지고 말았다. 디지털 아카이브의 시대에, 과거의 귀중한 기록이 쉽게 유실되는 현실이 안타깝다. 그나마 한시적으로 이러한 자료를 접할 수 있었음에 감사하며, 역사적 콘텐츠가 보다 체계적으로 보존되고 후대에 전해질 수 있기를 바란다. 이 과업은 어쩌면 사극이 앞으로 새로운 역사 기록 방식이 될지도 모른다는 상상으로 이어진다. 과거의 잊힐 뻔한 이야기를 우리 앞으로 다시 소환하고, 지금의 언어로 새롭게 번역함으로써, 사극은 과거와 현재의 이야기를 미래로 이어주는 오작교가 되어줄 것이다.

4. 첫 메탈

데스 메탈이 장르로 분화하고 사람들의 입에 오르내리기 시작한 즈음인 1987~1988년, 가족의 말에 따르면, 나는 어릴 적부터 예민하고 소극적인 성격이었으며, 유치원과 학교를 다니는 동안 그림 그리기에 몰두하느라 여념이 없었다고 한다. 때문에 어머니는 나의 심약함을 아쉬워하며 종종 거침없는 성품의 여동생과 나의 성별이 바뀌었더라면 하고 아쉬워했고, 아버지는 내가 바깥에서 괴롭힘이라도 당하고 오는 날이면 가해한 이를 어떻게 제압해야 하는지 직접 시범을 보여주었다.

물론 나 역시 그 시절을 기억한다. 당시에는 그저 다툼 없이 평화롭게 어울려 살길 바랐던 마음이었을 뿐, 애당초 누군가를 다치게 할 마음도, 요령도 없었던 터라 꾸중이나 질타를 들을 때면 억울하고 비통한 마음에 소리 내어 울곤 했다. 타고난 자신의 성정을 개탄하며 서글피 울던 그때, 지구 반대편에서도 누군가가 나처럼 울부짖고 있었다. 데스 메탈러들의 데스 그로울Death Growl이었다. 비록 그 포효가 나의 슬픔과 억울함에 대한 응답은 아니었지만, 같은 시간 선상에서 나와 함께 울부짖는 사람이 있었다는 사실만으로도 어쩐지 위안이 된다.

메탈이라는 장르에 죽음의 그림자를 드리운 것은 누구의 발상일까? 데스 메탈을 데스 메탈이라고 처음 호명한 이는 누구였고 언제부터였을까? 이러한 궁금증에 정확한 답이 될 수는 없겠지만 장르의 개척자는 분명 존재한다.

기존의 메탈 장르로부터 새로운 갈래를 뻗어낸 선례로 가장 많이 언급되는 밴드와 앨범은 베놈^{Venom}의 「Black Metal」(1982)이다. 이들의 앨범은 전통적인 헤비 메탈의 문법을 계승하며 이후 등장하는 익스트림 메탈의 초기 형태를 구축하고, 동시에 블랙 메탈의 핵심 요소―사탄을 찬양하는 가사 등―를 가사에 도입한 선구자로 평가된다. 무엇보다 이 앨범이 이룩한 성취는 현재 데스 메탈 연주의 속도와 무게감을 최초로 구현했다는 점인데, 이 업적에 비하자면, 베놈의 프런트맨 크로노스^{Cronos}[17]의 보컬은 그로울링이라고 보기에는 다소 심심한 면이 없지 않아 있다. 다만 이를 장르가 분화하는 메탈의 2차 성징으로 바라본다면 분명 중요한 시기에 해당함은 틀림없다.

영국의 베놈 선배가 일으킨 메탈 장르의 새로운 물결을 이어받은 것이 미국의 헤비 메탈 밴드 데스^{Death}와 밴드 모비드 엔젤$^{Morbid\ Angel}$이다. 이들은 각각 연년으로 발표한 스튜디오 앨범 「Leprosy」(1988)와 「Altars of Mad-

---

[17] 크로노스는 예명이며, 본명은 콘래드 토마스 랜트(Conrad Thomas Lant)다.

ness」(1989)를 통해 보다 구체적인 데스 메탈의 모습을 그려냈다. 크로노스가 선보였던 그로울링 가창법은 바통을 이어받은 후대가 무게감을 더하여 제법 맹수의 울음소리에 가까워졌다. 특히 밴드 데스의 보컬 척 슐디너 Chuck Schuldiner의 목소리는 성대를 조인 상태에서 복부로부터 공기를 밀어내 소리를 내지르는 기술을 노련하게 선보인다. 데스 메탈의 대부로 추앙받고 있는 척 슐디너의 그로울링은 목소리 피치가 높고 가사 전달이 비교적 명확하여 듣는 이로 하여금 반쯤은 인간의 모습을 한 반인반수를 연상시킨다.

> Choke on it, As your tongue goes down
> 목이 막혀, 숨이 끊길 때까지
> Choke on it, Death is all around
> 목이 막혀, 죽음이 너를 덮치리
>
> _ Death, 「Choke on It」(1988) 중

선구자들이 초석을 닦아놓은 지 한 세기가 훌쩍 지난 지금, 많은 데스 메탈 밴드가 나타났다 사라지기를 반복하며 장르로부터 파생된 다양한 하위 장르와 스타일이 탄생했다. 이와 함께 그로울링도 장르에 따라 다채로운 방법론으로 세분되었는데, 이를테면 돼지 멱따는 소리

를 닮은 '피그 스퀼즈Pig squeals', 배수구에서 날 법한 '토일렛 보울 그로울Toilet bowl growl', 마이크를 두 손으로 쥐고 소리를 증폭시키는 '컵 마이크 그로울Cup mic growl', '브리Bree' 등, 마치 아트박스 사장 마동석[18]과 같이 귀엽고 앙증맞은 명칭과 그렇지 못한 소리 사이에서 청자는 극적인 대비를 경험하게 되고, 어느새 이러한 의외성은 데스 메탈의 특징 중 하나로 자리 잡는다. 이들의 특징은 그로울링의 기본 테크닉에서 진화해 성대 기관을 능수능란하게 사용한다는 것이다.

예컨대 최근 '데스 코어'라는 장르의 선두 주자로 꼽히고 있는 로나 쇼어Lorna Shore는 몇 해 전, 밴드의 새로운 보컬로 윌 라모스Will Ramos를 영입함과 동시에 EP 앨범 「To the Hellfire」(2021)를 선보였다. 새로운 프런트맨과 함께 심기일전한 밴드의 새 작업물은 온·오프라인에서 뜨거운 반응을 이끌어내며 2021년의 각종 음원 플랫폼에서 우수한 성적을 기록하고, 심지어 미국의 온라인 매거진 『라우드와이어Loudwire』가 꼽은 '2021 올해의 노래Song of the Year'에 선정되기에 이른다. 『라우드와이어』는 선정 이유로 "윌 라모스는 믿기 힘들 정도로 강렬한 보컬 퍼포먼스를 선보였다. 악몽처럼 날카로운 고음 샤우트로 가득 찬 그의

---

18 영화 〈베테랑〉의 캐릭터 이미지를 참고하라.

무대는, 인터넷을 뒤흔든 전설적인 '피그 스퀼'(돼지 비명) 한 방으로 정점을 찍었다."라며 극찬을 아끼지 않았다. 윌 라모스의 탁월한 점은 각각의 다양한 그로울링 테크닉을 자유롭게 구사할 줄 아는 데 있다. 심지어 두 가지 창법을 동시에 발현한 경우도 있어 놀라움을 자아내는데, 이는 몽골의 전통 창법인 '흐미'와 같이 한 사람이 두 사람의 목소리를 내는 듯한 착각을 일으키는 배음 창법[19]처럼 들린다. 혀와 턱의 위치를 바꿔가며 구강 구조의 변형을 통해 소리를 분화하는 윌 라모스의 가창법은 현대의 그로울링이 성취한 기술의 고도화를 보여준다.

그로울링의 탄생과 성장 과정을 톺아보며 내가 경험했던 첫 그로울링을 떠올려보았다. 음악을 비롯해 향유할 수 있는 문화와 예술이 제한적이었던 시절, 내가 기억하는 첫 울부짖음은 '크래쉬'의 보컬 안흥찬의 목소리였다. 크래쉬는 1991년에 결성한 한국의 스래시 메탈Thrash Metal 밴드로, 나는 '서태지와 아이들'의 「교실 이데아」를 통해 처음 그들을 알게 됐다. 도입부의 현란한 드럼 연주와 함께 터져 나오는 안흥찬의 사자후는 당시 음악을 가려 듣던 나의 눈을 번쩍 뜨이게 했다.

[19] 낮은 음과 높은 음을 동시에 내는 창법

특히 서태지와 아이들의 3집 라이브 콘서트 '다른 하늘이 열리고'에서 크래쉬가 직접 무대에 올라 「교실 이데아」를 연주했을 때, 맹수의 포효와도 같은 목소리를 라이브 앨범으로 들으며 그 실체를 확인했을 때 느낀 전율은 지금까지도 생생하다. 콘서트에서는 앨범에 수록되지 않은 부분이 추가되었는데, 연주가 최고조에 이르렀을 때 안흥찬은 "머릿속엔 불만, 불신, 절망, 고독, 고난, 삶! 왜! 왜! 왜!"라며 몇 번이고 절규했다.

당시에는 이 목소리의 주인공을 당장이라도 찾아야겠다는 생각뿐이었다. 그러나 지금과는 달리 원하는 정보에 손쉽게 접근하는 데 한계가 있던 때라, 서태지와 아이들 앨범 커버에 적힌 크레디트 이외에 안흥찬에 관한 정보를 찾기란 요원하기만 하였다. 얼마의 시간이 흐른 뒤 집 근처 레코드점이 (아마도 「교실 이데아」의 영향으로) 크래쉬의 앨범을 매입하면서 그 여정에 마침표를 찍을 수 있었는데, 그때 만난 앨범이 크래쉬 1집 앨범 「Endless Supply of Pain」(1994)이었다.

스스로 연약함과 씨름하며 남몰래 울부짖었던 오래전의 내가 있다. 그리고 같은 시간 전혀 다른 장소에서 마치 내 마음을 대변하듯 울부짖어주었던 데스 메탈 선조들이 있었다. 고통과 죽음의 이미지를 음악으로 승화시키고, 입에 담기 어려운 내용이 그로울링을 통해 전해지는 이 어둠의 언어는 생의 한가운데 어찌할 바를 모르던 존재를 위한 위안이었다. 수십 년의 시간을 건너 지구 반대편의 굉음은 그토록 거칠고 요란한 은총으로 나에게 다가왔다.

이처럼 그로울링은 인간이 억누르고 감추는 분노와 절망, 두려움을 소리라는 형태로 해방하는 카타르시스의 도구이자, 그 거친 외양 아래에는 세상의 부조리와 고통 받는 인간에 대한 성찰이 담겨 있다. 그렇기 때문에 안흥찬의 "왜! 왜! 왜!"와 같은 절규는 나와 같은 영혼들이 속으로 삼켰던 질문을 대신 내뱉어준 것이나 다름없다. 이처럼 데스 메탈에 귀를 기울이노라면 극단적인 표현의 틈새에서 인간의 연약한 속살을 발견하게 된다. 그로울링은 그저 내지름으로써 제 몸을 잔뜩 부풀리고 자신의 유약함을 위장하는, 고독한 전술적 외침인 것이다.

5. 죽어가는 목소리로

발성 연습 장소로는 자동차 안이 제격이다. 외부와 격리된 자동차 내부는 음악의 볼륨을 한껏 높여 들을 수 있고 마음껏 소리도 지를 수 있는, 그야말로 손색없는 연습실이다. 덕분에 교통 체증 속에서도, 시원하게 뚫린 고속도로 위에서도 소리 연습을 수행할 수 있다.

연습은 먼저 발성법에 관한 여러 정보를 습득하고, 달리는 자동차 안에서 학습한 내용을 실습으로 옮기는 방식으로 진행했다. 전문가의 도움 없이 독학하는 처지라 연습량의 기복이 심했고 실습 내용에 대한 모니터링 또한 아쉬웠지만, 우선은 사극과 메탈에 직접 몸을 부딪히며 앎을 수행하기로 하였다. 사극 발성법에 관한 강의는 전무한 반면에 여기저기 흩어져 있는 메탈 가창법에 관한 내용은 차고도 넘쳐, 부득이하게 그로울링의 튜토리얼에 기대어 사극 발성법 공부를 병행하기로 했다.

자율 학습을 통해 가장 먼저 확인할 수 있었던 사실은, 메탈의 그로울링은 정작 성대로부터 발생하는 소리가 그다지 크지 않다는 점이다. 예상을 빗나가는 발성 메커니즘에 호기심이 생겨 이래저래 그러모은 정보에 따르면 올바른 발성—목에 무리가 가지 않는 거친 소리를 내는 법—을 위해서는 몸의 긴장을 낮추는 것이 무엇보다 중요하다. 목구멍을 통해 공기가 슬며시 비집고 새어 나올 정도의 힘으로 성대를 미약하게 떨리게 하여 소리를 발생시키는 것이 그로울링의 걸음마에 해당한다. 이 소리는 우리가 어딘가에 털썩 주저앉거나 가벼운 몸살을 앓을 때의 나지막한 신음으로 소위 '죽는 소리'와 비슷하게 들린다. 예컨대 유튜버 '메탈 보컬 앰버'[20]는 메탈 창법 중 하나인 '보컬 프라이'[21]를 스스로 터득한 계기를 다음과 같이 회상한다.

> "제 귀에는 코리 테일러Corey Tailer(밴드 슬립낫Slipknot의 보컬)의 목소리가 마치 할아버지처럼 들렸습니다. 그래서 할아버지 목소리로 슬립낫을 따라 해봤지만… (중략) …처음으로 목에서 피도 나와봤습니다. 이후 큰 절망을 맛보며 몇 달간 쉬는데, 이때 저한테 큰 변화가 찾아왔습니다. 문득 아무 생각 없이 컴퓨터 의자에 앉았는데, 그때 저는 어떤 소리를 냈었습니다. '하아~' 이 한숨

---

20 유튜브, '목잠이가 10년 동안 스크리밍하면서 배운 점 3가지 #스크리밍 #그로울링 #언클린'
www.youtube.com/watch?v=bDE9L2cecoo

21 Vocal Fry. 성대가 느슨하게 진동하면서 저주파의 거칠고 낮은 음을 만들어내는 발성 기법. 일반적으로 거친 혹은 그로울 소리를 생성하는 데 사용된다. 이 기법은 특히 메탈, 하드 록, 그라인드코어 등에서 강렬한 음성을 표현하기 위해 활용되며, 목소리의 왜곡과 거침을 특징으로 한다.

으로 제 스크리밍은 크게 달라집니다. (중략) 매번 스크리밍 할 때 목에 엄청난 긴장이 들었었는데, 소리를 낼 때 목을 조이던 습관이 나가는 호흡을 방해해서 가성대가 오히려 떨리지 않았던 거죠. 이때 가장 큰 점을 배웠는데, 목은 물론 몸이 편안해야 소리가 잘 나온다는 것이었습니다."

마침 장거리 운전을 할 일이 생겨 연습실(자동차 안)로 기어들어가 '메탈 보컬 앰버'의 경험을 벗 삼아 최대한 몸에 힘을 뺀 상태에서 천천히 내뱉는 숨과 함께 소리 내기를 실천해보았다. 과연 그의 깨달음처럼 소리를 내는 일보다 내기 직전 몸에 긴장도를 낮추는 일이 중요했고, 동시에 전신을 이완시키는 일이 생각보다 쉽지 않음을 알 수 있었다. 긴장하여 조금이라도 힘이 들어가면 이는 곧바로 목에 영향을 미쳐 목 주변의 근육이 수축하며 성대를 경직되게 만들어 쉽게 부상을 입을 수 있는 상태가 되어버렸기 때문이다.

몸의 힘을 덜어내는 방법과 관련해 또 다른 메탈 전문 보컬트레이너인 메리 짐머Mary Zimmer[22]의 조언을 빌려보겠

---

[22] 유튜브, 'How to False Cord Scream – VoiceHacks by Mary Z – Screamer Series #3'
www.youtube.com/watch?v=UHWBAO6xqzI

다. 그는 초심자들이 되도록 일어서서 연습하기를 권한다. 들숨과 날숨이 수월해지는 자세가 바로 기립이기 때문이다. 아울러 그는 '죽는 소리'를 내기 위해서는 가성대False Vocal Cord 활용이 핵심이라고 거듭 강조한다. 이 기관이 만들어내는 소리는 흡사 부모의 잔소리에 아이가 낙담하는 소리와 닮아 있다고 한다. 말할 때 주로 사용하는 진성대가 아닌 구토를 하거나 기침을 할 때 사용되는 가성대를 전면에 내세운 소리인데, 영문자로 표기했을 때 'Ugghhhh'를 적힌 그대로 발음하는 것과 같다고 한다.

이토록 가까이 존재하고 있던 일상의 소리가 정통 사극과 메탈 발성법의 기초였다니! 이쯤 되면 데스 메탈의 데스 그로울링 창법이 죽음을 앞둔 사람의 목에서 새어 나오는 소리Death Rattle에서 비롯되었다는[23], 데스 메탈 마니아 사이에 전해지는 추측도 결코 헛된 이야기만은 아닐 거라는 확신이 들었다. 스스로 맹수가 되기를 자처하여 공포를 조장한다고만 여겼던 그로울링이 정작 성대가 낼 수 있는 아주 연약한 소리로부터 시작한다는 역설. 이를 통해 내가 가진 장르에 대한 무지와 편견을 마주하며 나

---

23 나무위키 '데스 메탈' 항목을 참고했다.

의 연약한 성대 또한 으르렁거릴 수 있을 것이라는 기대로 잠시나마 가슴이 부풀었다.

  헛기침하거나 무거운 것을 들 때 내는 소리, 못마땅함을 애써 누르는 볼멘소리 모두 그로울링이 될 수 있다면 우리는 이미 완성형 메탈러다. 게다가 목소리가 세월의 흔적 앞에 혼탁해지고 기력이 쇠하여 휘청거리는 데다 크기까지 작아지는 가운데, 속 얘기를 시원시원하게 내지르고 싶은 마음이 굴뚝같다면… 더할 나위 없는 궁극의 그로울링이 가능하지 않을까?

  사극은 아니지만 노희경 작가의 드라마 〈디어 마이 프렌즈〉(2016)에는 이러한 요건을 충족하는 메탈러가 등장한다. 김석균(신구)은 아내인 문정아(나문희)가 없이는 기본적인 생활조차 영위하지 못하는 신세임에도 줄곧 그녀를 나무란다. 신혼여행 당시 정아에게 약속한 세계여행을 볼모로 잡아 매사에 큰 목소리를 내지르고 본다. 아내와 자식들에게 유독 인색하게 구는 석균에게 정아는 별안간 이혼을 통보하고 별거를 시작한다. 평소 같으면 뚱한 표정으로 저지르지도 않은 잘못에 대해 정아가 먼저 사과해오면 도리어 그 모습을 빈정거리며 아내를 용서(?)하던 석균이었지만, 이번에는 어째 분위기가 사뭇 다르다. 담담히 헤어질 결심을 전하고 냉정히 돌아선 아내의 등을 도무지 되돌릴 수 없을 것만 같다. 다행히 정아의 오랜 친구들이 박박 긁어모은 일말의 인심으로 홀아비 신세가 된 가부장을 건사하는 가운데 여전히 석균은 그들을 앞에 앉혀놓고 정아를 탓하며 연거푸 소주를 들이켜느라 바쁘다.

취기가 오르며 석균의 울분이 점차 극에 달하는 이때, 그는 예전과는 조금 다른 고함을 토해낸다. 이전에 그가 부리던 것과는 조금 다른 난동이다. 그는 어느새 엄마를 그리는 철부지의 모습으로 돌아가 모성을 잃고 헤매는, 주저앉아 엉엉 울고불고 엄마(정아)를 찾는 어린아이가 되어버린 것이다. 줄곧 여리고 연약했던 마음의 소리는 영영 혼자가 된다는 사실에 겁을 잔뜩 먹고 지르는 소리로 터져 나와 그로울링이 되어 공명한다. 석균의 노년의 민낯, 본연의 모습이 비로소 그 존재를 드러내 보인다.

"우럼마츠럼 퓨헝생 트하아아아아 해줄 꺼처럼 해놓쿠션!"[24]

---

[24] 〈디어 마이 프렌즈〉 11화, 김석균의 대사. "우리 엄마처럼 평생 다 해줄 것처럼 해놓고선."
www.youtube.com/watch?v=_n-PUeMuCKQ
해당 영상에서 4:45경부터 등장한다.

6. 최수종 되기

누리꾼 사이에서 '고종-순종-최수종'이라고 불릴 만큼 최수종 배우가 사극에서 지니는 상징성과 존재감은 그야말로 압도적이다. 한국 정통 사극을 논할 때 결코 빼놓을 수 없는 인물 중 하나인 최수종은 1987년에 드라마 〈사랑이 꽃피는 나무〉(1987~1991)로 데뷔하여 일약 청춘 스타로 거듭났다. 이후 시대와 장르를 아우르는 다양한 작품에서 주연을 도맡으며 현재까지 오랜 시간 입지를 다져온, 그야말로 완성형 배우일 것이다. 사실상 흥행에 실패한 작품을 찾는 일이 더 빠른 그의 드라마 활동 속 두드러지는 점은 그가 현대물에 꾸준히 출연하며 사극 출연을 결코 소홀히 하지 않았다는 점이다. 데뷔 이후 별다른 공백 없이 활동하는 가운데, 〈조선왕조 500년 한중록〉(1988~1989)의 사도세자부터 최근 〈고려 거란 전쟁〉의 강감찬까지, 우리가 기억하는 정통 사극 작품에 다수 출연한 성실한 '사극 공무원'의 출연작을 시대순으로 나열하면 무려 1400년 한국사가 완성된다고 한다.[25]

---

[25] 〈라디오 스타〉 중 최수종의 말 (MBC, 2018년 7월 25일 방영)
유튜브, '학생들 사이에서 대한민국 왕의 계보는 고종 순종 그리고... 최수종 살아 있는 역사 교과서 #최수종 편'
www.youtube.com/watch?v=iF4zc7UYouo&t=538s

"선배들은 왜 저렇게 잘하지? [고민해보니] (중략) 담배를 피우면 목소리가 저렇게 나오는구나! (중략) 담배도 피워보고 그래도 기침이나 하지 그 목소리가 안 되더라고요. 바로 [촬영]하기 직전에 막 '으아악, 으어억' 하고 일부러 목을 쉬게 해가지고… (중략) 그래도 안 돼요. 그래서 선배님을 무작정 찾아가서, 그 당시에 녹음기 있잖아요, '이 전체를 읽어주십시오' [부탁해서] 흉내 내가지고 하는 거죠."[26]

흠결 없는 연기력으로 매 출연작에서 자신의 역할을 톡톡히 해낸 최수종임에도 그의 사극 데뷔는 결코 순조롭지만은 않았던 것으로 보인다. 무엇보다 그동안 정통 사극이 요구해온 임금이나 장수 역할의 묵직하고 거친 질감의 음성이 아닌, 미성에 가까운 그의 목소리와 그동안 천착해왔던 연기 방식이 정통 사극과 어울리지 않아 〈조선왕조 500년 한중록〉 촬영장에서 그는 웃음거리가 되기 일쑤였다고 한다. 실력의 한계를 극복하려는 그의 갸륵한 노력을 통해 추측건대 사극의 난이도는 당시 연기력과 흥행이 보장된 스타 배우에게도 녹록지 않았던

---

[26] 〈라디오 스타〉 중 최수종의 말 (MBC, 2023년 4월 26일 방영)
유튜브, '사극의 시작이 MBC였던 최수종! 사극 톤이 아니었던 목소리를 쉬게 하려고 안간힘을 썼던…'
www.youtube.com/watch?v=xFGIPBskgYQ

모양이다. 지금도 현대극에서 종횡무진 활약하는 배우가 사극에 출연하면서 연기력 논란이 불거지는 사례를 종종 엿볼 수 있는데[27], 이는 당시의 최수종도 피해 갈 수 없었던 성장통이자 작금의 연기자들 역시 예외 없이 마주해야 하는 현실이다. 때문에 배우들은 그간 쌓아 올린 연기 공력을 시험해보는 무대로 정통 사극을 향한 도전을 이어나가고 있다.[28]

정통 사극의 연기술은 연기자가 거듭나는 계기이자 예술가로서 신뢰를 쌓는 디딤판인 한편, 반복되는 장르의 전형성을 비껴 가는 반대급부로 또 다른 연기 기술을 선보일 수 있는 기회이기도 하다. 예컨대 기존 사극에 환상성을 한 층 더 부여하며 흥행하기 시작한 '퓨전 사극'은 정통 사극의 관습을 벗어난 연기 방법의 새로운 패러다임을 제시하며 등장하였다. 이는 대하드라마 안에서 세습되어온 연기 방법론을 향한 '새로운 도전' 혹은 '변주'로 인식되며 시청자에게 색다른 즐거움을 제공한다. 그러나

---

[27] '김동준 연기 논란? 〈육룡이〉 작가는 알고 있었다 "가능성 있는 배우가 낙인 찍히기도"', 조선비즈, 2023.11.14.
biz.chosun.com/entertainment/enter_general/2023/11/14/GHLGJ6XLYCSJ65YIHN3LKDKDDE/
'〈마의〉 김혜선 연기력 논란 왜? "사극톤 어색"', 뉴스핌, 2012.12.04.
www.newspim.com/news/view/20121204000223

[28] '첫 사극 도전하는 임지연… "잘할 수 있다고 보여주고 싶었다"', 문화일보, 2024.11.28.
munhwa.com/news/view.html?no=2024112801039912069011

이는 양날의 검과 같다. 과업을 성공적으로 수행한 배우는 연기자로서 찬사를 받고 연기술의 새로운 활로를 연 공로자로 칭송되지만, 혹여 그 성과가 미비할 경우에는 다시금 혹독한 연기력 논란에 휩싸이기 십상이다. 이를 통해 역사를 주요 소재로 다루는 드라마 작품의 경우, '정통'과 '퓨전'의 갈래 모두에 장르의 전형과 연기의 기본기를 엄중하게 여기는 것을 확인할 수 있다.

이러한 배우들이 연기하는 사극 속 인물들은 역사적 사실을 바탕으로 살아 숨 쉬는, 절반은 허구의 존재다. 따라서 현실에 한쪽 발을 걸치고 있는 이들을 현현히 그려내는 데 있어 배우는 자신의 지식과 상상력을 덧입혀야 하는 까다로운 작업을 수행한다. 이는 현재를 살아가는 연기자가 멀고 먼 과거의 사회상과 이를 반영한 인물을 세심하게 연기하기 위해서는 온전한 몰입을 필요로 한다.

다시 최수종으로 돌아오자. 앞서 소개한 그의 〈라디오 스타〉 인터뷰에서 엿볼 수 있듯이 최수종 배우는 사극 발성이라는 것이 예전부터 공공연하게 존재했음을 알았다. 그리고 그 발성법을 학습하기 위해 선배들의 대본 리딩을 녹음한 뒤 그것을 따라 하며 실마리를 찾는 노력을 기울였다. 여러 시행착오를 통해 그가 돌고 돌아 이른 사극 발성의 실체란 다름 아닌 연기의 기본기인 '복식 호흡'이었다. 노래나 연기를 자신의 과업을 삼고 있지 않더라도 누구나 한 번쯤은 들어봤거나, 남몰래 흉내라도 내봤음직한 이 호흡법이 사극 발성의 핵심적인 단서였다!

그 사실을 깨달은 최수종은 실제로 첫 사극 데뷔작 직후 가히 현격한 수준의 성장을 이루어냈다. 예컨대 '최수종' 하면 떠오르는 상냥한 성품과 말투에 어울리는 부드러운 음성은, 그의 사극 데뷔 작품인 〈조선왕조 500년 한중록〉 이후 정통 사극 〈태조 왕건〉(2000~2002)에 출연할 때부터는 소리의 질감과 무게감이 더해져 비로소 힘 있는 탁성으로 거듭났다. 배우가 소리를 향한 집념을 통해 결국 자신만의 방법론을 성취해냄으로써 비로소 완성형에 가까워진 것이다. 그렇다면 그가 연기에 활용한 복식호흡은 사극 발성에 어떻게 적용되는 것일까?

앞서 수행한 나의 기초 발성 실습을 복기해보자면, 성대를 진동시키는 '죽어가는 소리'만으로는 작은 성량 탓에 소리 전달에 어려움이 있었다. 애당초 가성대를 떨어 발생시키는 소리는 고작 내 입 주변에서 머물고 마는 아주 작은 소리로, 상대에게 소리가 가닿기 위해서는 이를 증폭시켜줄 요인이 필수적이다. 이를 위해 복부로부터 음압을 올려 목구멍에서 맴도는 소리를 비로소 바깥으로 증폭시킬 수 있는 이 호흡법이야말로 발성의 기본기였던 것이다.

복식 호흡 실습은 〈고려 거란 전쟁〉에서 최수종이 연기한 강감찬의 대사 중 가장 많이 언급된 "허나~"를 소리 내어 집중 연습하였다. '허'와 '나' 두 음소 모두 부드러운 소리에 해당하지만 막무가내로 공기를 밀어내는 과정에서 다시금 성대가 경직되고 스트레스가 가해졌다. 잠시 뚝딱거렸지만 새로 정신을 가다듬고 복식 호흡의 정확한 위치를 감각하는 데 집중했다. 복식이라는 단어를 통해 복부가 배꼽 아래를 지칭하고, 이 부위의 압력을 이용해야 한다는 단서를 얻을 수 있었는데, 이는 횡격막 기관의 이완과 수축을 의미한다. 그러나 하복부에 공기를 모은 후 순간적으로 내뱉으며 소리를 발생시키는 원리는 생각만큼 쉽게 구현되지 않았다. 조금은 부자연스럽지만 발성법을 구분 동작으로 나누어 하나씩 실행에 옮기며 실습을 진행하였다.

먼저 '죽어가는 소리'로 '허'를 나지막하고 길게 발음하며 연이어 상체의 긴장을 완화한 상태에서 횡격막이 아래로 불룩해지는 모습을 떠올리며 숨을 들이마셔 복부를 과하지 않게 부풀린 후, 고개를 미세하게 들어 올려 공기가 들고 나는 데 어려움이 없는 크기로 입을 벌려 소리가 새어 나가도록 한다. 이때 숨(공기)은 복부에 은은한 힘을 가하며 조금씩 내뱉는다. 그 순간 팽창되었던 복부가 점차 줄어들며 기도를 통해 압축된 공기가 밀려 나가고, 성대 부근에 맴돌던 소리가 음압에 힘입어 입 밖으로 발산된다. 이와 마찬가지로 '나' 역시 숨을 넌지시 던지듯 발음한다. 이를 통해 소리의 크기가 공기의 양과 압력에 비례함을 확인할 수 있었다. 무엇보다 큰 성취는, 음량이 커지는 동시에 지글지글 끓는 듯하는 가성대 소리의 질감이 온전히 표현되었다는 쾌감이다.

성대에 미시적인 힘을 가하는 데 유념하며 연습을 이어간다고 해도 목이 입는 손상을 피할 수 없을 거라 여겼는데, 처음으로 성대에 가해지는 스트레스가 적은 소리를 낼 수 있었기에 감회가 새로웠다. 비록 작은 한 걸음에 불과하지만 이로써 사극과 메탈의 으르렁거림에 한 뼘 정도 가까워진 기분이랄까. 앞으로 훈련을 이어가며 발성 기관을 인지하는 반복 연습을 거듭하다보면 이후에는 지금처럼 신경을 곤두세우지 않고도 분명 원하는 소리를 얻을 수 있을 것이다.

7. 검은 짖는 원숭이의 말할 수 없는 비밀

발성과 가창 훈련에 매진하는 가운데, 다시금 성대 결절 징후가 의심되어 병원을 찾아갔다. 아니나 다를까 현재의 목 상태는 '음성 위생 준수 사항'을 실천하는 것만으로는 나아질 수 없다는 진단을 받았고, 의사의 소견에 따라 약물 치료와 음성 치료를 병행해야 했기 때문에 목소리의 호전을 바라며 지금 하는 발성 연습은 잠시 쉬어가기로 하였다. 비록 실습은 잠시 멈추게 되었지만, 소리에 관한 생각을 멈출 수는 없었다. 목소리를 최대한 사용하지 않는 상황에서도 이래저래 소리와 관련된 내용을 찾아보고 스크랩하는 일상이 계속되었는데, 그중 우연히 만난 흥미로운 내용이 있었다.

목청이 큰 야생의 동물 중 아르헨티나 이베라 습지에 서식하는 영장류 '검은 짖는 원숭이 Black howler'[29]가 내는 소리는 조금 특별하다. '검은 고함 원숭이'라고도 불리는 이 개체의 음성은 우리가 흔히 인식하고 있는 원숭이의 날카로운 비명 소리가 아닌 저음의 묵직하고 거친 소리로, 이는 탁월한 메탈 음악 보컬의 그로울링과 매우 흡사하

---

[29] 학명 Alouatta caraya

다. 이들은 주로 해가 뜨기 시작하는 이른 아침에 나무 위로 기어올라 사방을 향해 소리를 내지른다. 열대우림의 해가 밝아올 때 어김없이 울려 퍼지는 이 소리는 나무 꼭대기로 올라간 검은 짖는 원숭이의 집단 고성으로 '여명의 합창'이라고도 불린다. 그러나 이를 아름다운 이름으로 다시 불러본들, 원숭이들의 난데없는 소란스러움은 습지의 주인들이 서로 벌이는 전쟁일 뿐이다. 이 집단 고함은 자기 영역을 재확인하고, 혹여 도사리고 있을 위협에 대비하기 위해 자신의 존재감을 만천하에 드러내 보이는 원숭이들의 생존 전략이다. 이들 무리 중에서는 오직 수컷만이 고함을 지른다. 140 데시벨에 달하는 큰 울음소리는 단지 개체 간 힘겨루기, 서열 정리를 위한 수단뿐 아니라 번식기에는 암컷을 향한 세레나데로 활용된다.

검은 짖는 원숭이가 다른 원숭이와 달리 유난히 낮고 굵은 목소리를 내는 원리는 성대에 위치한 달걀 모양의 설골舌骨 때문으로 알려져 있다. 울림통 역할을 하는 이 기관의 형태에 따라 목소리의 크기와 음의 높낮이가 달라진다는 것인데, 이에 얽힌 흥미로운 사실은 수컷 원숭이의 설골과 고환의 크기가 반비례한다는 것이다. 케임브리지 대학의 제이콥 던Jadob Dunn 박사의 추측은 목소리로 영역을 표시하고 구애하는 검은 짖는 원숭이의 경우, 소리를 내는 성대와 고환이 상충 관계에 놓여 있다는 것. 목청은 크지만 고환이 작아 자손 번식의 가능성이 작은 개체가 상대적으로 자손을 많이 남기기 힘든 조건을 보완하기 위해 목소리 크기를 극도로 발달시켜 수컷으로서 자신의 존재를 강력하게 어필하는 생존 전략으로 진화했을 것이라고 설명한다.

공교로운 시점에 검은 짖는 원숭이와 같은 반전 매력을 지닌 데스 메탈 보컬리스트 조지 피셔George Fisher를 소개한다. 콥스그라인더Corpsegrinder라는 예명으로 더 잘 알려진 그는 1988년 결성되어 올해로 37주년을 맞이한 데스 메탈계의 전설 카니발 콥스Cannibal Corpse의 보컬이다. 카니발 콥스는 탁월한 음악성을 바탕으로 데스 메탈 장르에서 독자적인 형식을 구축했다고 평가받는다. 음악적 성취는 물론, 그들이 천착하는 미학적 특질은 악취미로 불릴 만큼 명성이 자자하다. 이를테면 공포 영화의 한 갈래인 슬래셔물[30]을 연상시키는 잔혹한 앨범 커버 이미지와 함께 살인, 식인, 고문을 주제로 한 유일무이한 음악적 세계를 구축함으로써 카니발 콥스의 마니아를 양산했다.

때문에 1990년대 세계 여러 나라에서는 이들 작품의 잔혹성을 이유로 앨범 판매 금지와 공연 금지 처분을 내

---

[30] slasher, 살인마가 등장해 여러 희생자들을 덮쳐 신체를 난도질하는 잔혹한 내용의 공포 영화

렸다. 당시 한국에서도 카니발 콥스가 악마주의를 신봉하고 있으며 사탄의 속삭임(혹은 으르렁거림)에 따라 살인을 조장하고 있다는 흉흉한 루머가 만연했다.[31] 카니발 콥스와 한국 팬들의 만남이 점점 요원해지는 가운데 록 레코드사의 눈물겨운 노력으로 베스트앨범 「Best of Cannibal Corpse: Deadly Tracks」(2000)[32]의 한국 발매가 기적처럼 성사되었다. 이 앨범의 첫 번째 트랙인 「Special Message from Hell to Korea」에서 밴드의 보컬 조지 '콥스그라인더' 피셔는 그로울링으로 공손하게 "안뇽하세용 꼬리아~ 괌솨합니드아아아아악"[33]이라고 감격스러운 울부짖음을 팬들에게 선물했다. 그간 밴드와 팬이 겪어야 했던 생이별의 고난과 질곡이 단숨에 해소되는 순간으로, 과거 데스 메탈에 무심했던 나조차 이 트랙을 둘러싼 소동은 기억할 만큼 이 일은 음악사에서 기념비적인 사건으로 남았다. 지금까지도 밴드는 데스 메탈의 파수꾼으로 죽음을 모티프로 한 음악을 고집스럽게 수호하고 있다.

[31] 유튜브, '악마주의 데스 메탈 밴드가 9시 뉴스에 소개된 사연'
www.youtube.com/watch?v=BAK5NoG8gGg

[32] 이 앨범은 발매 당시 수입 절차의 부적합성을 인정받아 도중에 판매가 중지되어 한국에 한정 발매된 음반으로, 지금은 구하기가 매우 어려운 상황이다.

[33] 유튜브, 'Cannibal Corpse Special Message from Hell to Korea'
www.youtube.com/watch?v=4sM9h59WTsg
20초 무렵 등장한다.

그런데 이러한 문제적 밴드의 프런트맨인 조지 '콥스그라인더' 피셔가 영위하는 일상의 모습은 그의 예술 작품과 사뭇 다르다. 예컨대 '시체 분쇄기^{Corpsegrinder}'라는 뜻의 그로테스크한 미들네임, 가혹한 헤드뱅잉으로 인해 둘레가 무려 50센티미터에 달하게 된 것으로 추정되는 목 굵기[34]의 압도적인 외형과는 달리, 겸손하고 친근한 성품을 가진 것으로 알려진 '콥스그라인더'의 됨됨이는 그가 영위하고 있는 여러 취미 활동을 통해 엿볼 수 있다. 그중 그가 매우 중요하게 생각하는 취미는 인형 뽑기로, 단연코 예상 밖의 여가 활동이라 하겠다. 무대 위에서의 그로울링과 목이 부러져라(부러지지 않는다) 거칠게 헤드뱅잉을 하던 한 마리의 들짐승 같던 그가 오락실 투명 유리관 속 삼발이 집게에 시선을 고정한 채 인형 뽑기에 몰두하고 목표한 인형을 뽑았을 때 쾌재를 부르는 모습은 아무래도 낯설다.

우리의 인지 부조화와는 무관하게 두 얼굴의 록 스타는 취미 생활을 누구보다 진지하게 여기고, 오랜 시간 연마한 실력으로 준비해 온 포대를 사랑스러운 인형으로 가득 채우고서야 아케이드를 빠져나간다. 거침없는 손

---

[34] 조지 콥스그라인더 피셔의 두꺼운 목은 밈이 될 만큼 유명하다. 인터뷰할 때마다 목 두께가 언급되며, 그의 목에 헌정된 'Respect the neck' 티셔츠가 굿즈로 나오기도 했다. 20인치에 달하는 목 둘레는 공식적인 수치는 아니고 팬들이 추정한 것이다.

놀림으로 (심지어 한 손으로도!) 목표하는 대상을 손에 넣고야 마는 메탈 어부는 이렇게 건져 올린 수많은 인형을 어린이 병원에 기부하며 또 한 번 세간의 예상으로부터 미끄러진다.

조지 콥스그라인더 피셔가 미합중국의 대표 반전 매력이라면 대한민국에는 최수종이 있다. 이 천재일우 연기자는 대중에 잘 알려져 있다시피 유명한 애처가이자 종교인으로, 가정과 일에 결코 소홀한 법이 없는 모습을 티브이에 자주 비추었다. 이러한 바른 성정으로 최수종은 사랑받는 연기자로서 대중으로부터 한국의 기사 작위에 해당하는 '국민' 남편 서작을 받은 지 오래다. 특히 아내인 하희라 배우를 향한 최수종의 깊은 애정은 여러 차례 미디어를 통해 공개되어 시청자의 큰 관심을 받았다. 결혼생활 33년간 단 한 번도 아내와 다툰 적이 없다는 전설의 애처가는 결혼 생활 중 〈러브 액츄얼리〉 스케치북 이벤트와 해외 촬영 당시 아내를 향한 사무친 그리움을 담은 손수건 편지 그리고 여장 이벤트로 아내에게 웃음과 감동을 선사했다.

이 같은 섬세함과 부드러움을 가슴속에 지닌 채 최수종은 여러 사극 작품에서 한 나라의 원수로서, 또 대군을 이끌어 적군과 맞서 싸우는 장수로 변모한다. 예능 프로그램을 통해 엿볼 수 있었던 나긋하고 부드러운 그의 평소 음성과 행동은 그의 온화함을 있는 그대로 투영하는 반면 그가 정통 사극 작품에서 수컷 우두머리 역을 맡을 때면 그의 목소리는 별안간 무겁게 가라앉고 질감 또한 거칠어지는 것을 확인할 수 있다. 이렇듯 생활과 예술 사이에서 예술가가 보여주는 모습의 낙차는 클수록 그 존재는 더 입체적이고 매력적으로 다가온다.

앞선 사례들에서 살펴보았듯이 외모나 목소리에서 기대했던 모습과 실체의 차이에서 생기는 매력적인 의외성, 또는 자신의 결핍을 충족시키기 위한 생존 전략으로서 불가피하게 갖추어야 했던 의외성은 누구나 가지고 있다. 이를테면 무리가 위기에 처했을 때 비로소 홀연히 나서 자신의 목숨을 걸고 무리를 지켜내며 '동물의 왕'다운 위용을 드러내는 수사자의 대부분의 일과는 사냥은 물론, 새끼를 돌보는 일조차 외면한 채 널브러져 시간을 흘려보내는 데 있다.

그리고 자연 다큐멘터리 속 이러한 수사자의 양태를 예의 주시하며 나의 아버지는 식사를 마친 뒤 거실 소파에 비스듬히 기대 누운 채 수사자처럼 잠이 들어 있다.(나는 그의 이런 모습을 사랑한다.) 아내와 자식에게 다정하고, 사색을 즐기는 내향적인 아버지 역시, 겉으로는 드러내지 않지만 분명 지금도 가슴속 어딘가에 위험한 짐승 한 마리를 품고 있을 테다.

8. 사극랜드

일전에 안동에 위치한 유교랜드에 방문한 일이 있다. 지금까지도 한국인의 내면을 지배하고 있는 '유교'라는 이념과 유흥의 터전을 일컫는 '랜드'라는 단어의 조합, 그리고 선비의 갓을 연상시키는 건축물은 건립 당시 소셜미디어를 통해 많은 누리꾼의 입에 오르내리며 화제를 불러일으켰다. 지정학적으로 유교남에 해당하는 나 역시 가만히 있을 수는 없어 채비를 하고, 미확인비행물체와도 닮은 건축물과 그 안에 펼쳐질 신비로운 내용을 상상하며 안동으로 향했다.

유교랜드 안에 펼쳐진 유교토피아는 입구부터 예사롭지 않았다. 전시 동선을 따라가면 제일 먼저 네온으로 치장된 통로가 방문자를 맞이하는데, 복도 양옆으로 유흥과 쾌락에 빠져 어지럽게 널브러진 현대인의 군상을 밀랍인형으로 표현하며 현실을 적나라하게 묘사한다. 술에 취해 쓰러져 있거나, 누군가와 격렬히 몸싸움을 벌이는 장면을 사실적으로 그린 전시 통로를 지나면 여러 대의 모니터가 어지럽게 재생되고 있다. 1997년 금 모으기 운동부터 2002년 월드컵 4강 신화의 푸티지[35]가 포함된 미디

---

[35] footage, 영상 제작 시 편집하지 않은 원본

어 벽은 고故 백남준의 작품 〈다다익선〉(1988)을 연상시키며 우리의 안타까운 자화상과 함께 모든 국민이 하나 되어 대한민국의 절체절명 위기와 한계를 극복하는 모습으로 '끝내 또 해내고 마는' 결말을 통해 희망을 이야기한다. 그리고 '이 모든 것을 가능하게 하는 만능열쇠가 바로 유교'라는 선명한 메시지를 관람객에게 전달하고 있었다.

유교사상의 근간이 되는 인仁, 의義, 예禮, 지智, 신信을 각 전시실의 이름으로 붙여놓은 이 유교 테마파크는 유원지보다는 박물관에 가까운 모습이었다. 전시되어 있는 소장품과 자료들은 대부분 역사적 유물의 사본이었지만 이들은 최신의 기술―홀로그램, 증강현실, 돔 형태의 스크린 등―의 도움으로 비로소 생명을 얻어 살아 움직이는 듯했다. 각 전시물 곁에는 작은 모니터 또는 프로젝터로 짧은 영상을 재생하며 전시물에 대한 친절한 부연을 덧붙여주고 있었는데, 이들은 전시품에 깃든 역사적 사실을 기반으로 구성된 막간극으로, 나름대로 구색을 갖춘 미니 드라마였다.

유교랜드뿐 아니라 많은 박물관에 이러한 막간 사극은 존재한다. 이들은 주로 전시 자료를 보조하는 역할에 머무르기 때문에 인물과 내용이 납작하고 구성도 엉성한 측면이 있지만, 역사적 사실과 허구의 조화로 완성되는 점에서 앞서 살펴본 범주에 해당한다. 나는 이들의 존재에 고무되어 사극 형식 연구에 보다 매진하는 방법으로 매일 아침 한 편의 사극을 시청하기로 하였다.

　시청할 드라마는 〈용의 눈물〉(1996~1998), 〈야인시대〉(2002~2003)와 함께 드라마 작가 이환경의 3대 걸작 중 〈태조 왕건〉을 선택했다. 최장편 사극, 60.5퍼센트의 최고 시청률 등 놀라운 기록을 보유하고 있는 〈태조 왕건〉은 작품성과 흥행 면에서 명실상부의 명작인 이유도 있지만 무엇보다 후삼국 시대를 생생하게 그려냈다는 고증에 대한 평가가 주요했다. 여기에 더해 사극 대장 최수종 배우가 주연을 맡았다는 이유만으로도 이번 연구 대상으로서 더할 나위 없이 적합했다. 2000년 4월 1일부터 2002년 2월 24일까지 2년여간 매주 토요일과 일요일에 걸친 〈태조 왕건〉의 200회차 방영은 실로 방대한 여정이 아닐 수 없다. 지금부터 모든 회차를 빠짐없이 매일 시청하더라도 꼬박 6개월이 걸리는 대장정을 내가 과연 완주할 수 있을지 의문이었지만, 우선은 발걸음을 떼었다.

　장중한 음악과 함께 금빛 영롱한 '태조 왕건'이라는 타이틀이 불길 속에서 등장하는 오프닝. 이어 징 소리가 울리며 드라마는 시작한다. 과거 드라마를 띄엄띄엄 시청했던 나에게도 내심 반가운 마음이 들게 하는 오프닝이었다. 이와 함께 극의 서두나 등장인물의 행동 뒤에 따라오는 '그랬다'로 시작하는 성우 김종성의 익숙한 음성 내레이션은 드라마 속 상황과 등장인물의 의중을 면밀히 들여다보는 역할을 한다. 성우의 진중한 목소리는 현실 고증을 거친 정사의 이야기를 전달하거나, 때로는 필요에 의해 탄생한 허구의 인물과 상황에 대한 작가의 변辨까지도 대변한다. 때문에 시청자는 픽션과 논픽션이 서로 상응하며 펼쳐내는 완성도 있는 장면을 통해 정사의 현장을 목격하고 있다고 믿게 된다. 엄연히 사극은 역사적 사실과 상상력을 결합한 이야기다. 이러한 결합의 의도는 역사적 사실을 한층 극적으로 전개하여 시청자의 관심을 유도하고 이야기의 밀도를 높이기 위함일 것이다. 때문에 사극에서의 각색은 동시에 역사 왜곡의 부담을 안고 있다. 예컨대 〈태조 왕건〉에서 견훤을 연기한 서인석 배우는 캐릭터를 해석한 과정을 다음과 같이 회상했다.

> "사극으로 인해서 내가 처음으로 오버액션을 한 거야, 복식 호흡으로… (중략) 중후하게 나와야지, 내 목소리로 그냥 나오면 안 될 것 같았어요. (중략) 내 톤이 처음에는 어설펐지만 기니까[길게 연습하니까] 매치가 돼… (중략) 주변에서도 그러더라고 물이 올랐다고 (중략) 거기서[현장에서] 미친놈처럼! 나도 내가 어떻게 했는지 몰라! (중략) [연기를] 하고 나서 모니터를 보니까 처음

에는 이랬어 '아따 되게 오바하네' 연극처럼…."[36]

　배우에게 인간의 조상을 연기하는 일이란 얼마나 난해할까. 그 무엇도 선뜻 가늠이 되지 않는 당시의 불분명한 상황을 본인이 가진 지식과 경험, 그리고 예술가의 상상력을 총동원해 상기함으로써 맡겨진 인물을 더듬는 작업은 결코 녹록지 않을 것이다. 문어체와 구어체 가운데 어딘가에 존재하는, 고어古語를 연상시키는 대본 속 인물이 내뱉는 일상과 유리된 낯선 말을 어디에 기대어 표현해야 하는지, 그리고 그러한 표현이 역사적 사실과 어떻게 부합하는지에 대한 고민이 깊을 것이다.

　한편, 견훤, 왕건과 함께 〈태조 왕건〉의 첨예한 삼각 구도를 펼친 궁예 역의 김영철 배우가 선보인 인물 해석 방법은 다른 의미로 주목할 만하다. 당시 궁예를 참신하게 해석해내 사극 연기의 지평을 넓혔다는 평가를 받는 그의 영향력은 지금까지도 거듭 회자되고 있다. 김영철이 연기한 궁예는 사극 속 남성 캐릭터의 전형을 과감히 벗어난 사례로 꼽힌다. 예컨대 〈태조 왕건〉 1화에서 군대의 사기를 진작시키고 주군으로서 명을 내릴 때 울부짖었던

---

36 유튜브, '[송승환의 원더풀라이프] 배우 서인석 4화 〈너무나 힘들었던 태조 왕건 견훤!〉'
www.youtube.com/watch?v=5o1Sm8nK06k

것을 제외하면 작품 내내 그는 한 번을 으르렁거리지 않고 외유내강 캐릭터 특유의 억양으로 자신이 거느린 군사와 백성 그리고 모니터 밖 시청자까지도 단번에 사로잡았다.

궁예는 〈태조 왕건〉에서는 중추적 역할을 했지만 실제 역사서에서는 그만큼의 존재감을 발휘하지 못했던 인물로 알려져 있다. 이러한 사실과 달리 배우는 자신만의 담대한 해석과 열연으로 해당 인물을 주·조연에서 주연으로 등극하게 만들었다. 애당초 그의 배역은 80회 즈음에 죽음을 맞는 운명이 점지되어 있었는데, 방영이 거듭될수록 인기가 높아져 결국은 120화가 되어서야 숨을 거두게 됐다. 여기에 더해 '궁예가 보리밭에서 이삭을 주워 먹다가 백성들에게 맞아 죽었다'라는 역사 기록과는 달리 명예롭게 장수들 사이에서 영웅적인 죽음을 맞이했다는 설정으로 변경되었다. 배우의 해석으로 막강한 생명력을 지니게 된 허구의 인물이 실제 세계에서 벌어졌던 운명까지도 바꾸어놓는 모순적인 상황이 벌어진 것이다.

문득 내가 지금 〈태조 왕건〉만을 두고 지나치게 궁예하고[37] 있는 것은 아닐까, 의심이 들었다. 사실과 허구가 뒤

---

37 극 중에서 궁예가 집권 말년에 정적들을 도륙낼 때 명분으로 사용하던 '관심법'에 기반해 만들어진 말. '특별한 근거 없이 단정 짓는다'는

섞여 만들어지는 작품의 사례는 도처에 널려 있는데 말이다. 작품으로서의 사극이란 사실을 바탕으로 작가와 배우의 판단과 상상력에 따라 잘 그려내기만 하면 그만이다. 예컨대 울창한 숲을 그리기 위해 나무 하나하나를 실제와 똑같이 화폭에 담을 수 없듯이 방대한 역사의 사건들을 일일이 고증하는 데에는 분명 한계가 존재하고, 그것을 명확한 정보로 제공하는 일은 예술이 아닌 분야의 몫일 것이다. 심지어 역사서마저 객관적인 사실을 절대적 기반으로 삼지만 역사가의 주관이 투영되어 있기 때문에 무결하게 현실을 옮겨놓았다고는 볼 수 없지 않은가?

사극이란 역사적 사실의 단순 나열이 아니라, 과거와 현재, 사실과 허구의 터전 위에서 작가와 배우가 쌓고 부수기를 반복하는 대화다. 이를 통해 사극은 역사와 허구의 경계를 넘나들며 새로운 이야기로 재탄생하는 것일 테다. 마치 유교랜드의 막간 사극이 전시물과 상호보완하며 해석과 의미를 지니듯, 우리의 삶 또한 사실과 허구가 공존하는 가운데 비로소 존립이 가능한 것처럼 말이다.

의미로 흔히 쓰인다. 궁예, 궁예질, 궁예하다 등 다양한 표현으로 변주돼 쓰인다.

9. 새드 레전드

  2000년이 밝아오던 시점이었다. 21세기를 코앞에 둔 1999년 세밑, 사람들은 모든 것이 새로 고침 되어 깨끗하게 표백될 것만 같은 산뜻한 출발을 기대하고 있었다. 이와 함께 연도의 숫자가 1999에서 2000으로 넘어가며 모든 것이 0으로 수렴되며 컴퓨터가 연산 착오를 일으키고, 이로 인해 치명적인 전산 오류가 일어나 사회가 붕괴할 거라는 소문[38]이 떠돌기도 했다. 그러나 노스트라다무스의 종말 예언과 새천년을 향한 희망의 양가적인 감정이 어지럽게 뒤엉켜 있던 1999년의 마지막 날은 우려와 달리 아무 일 없이 지났다. 그렇게 왁자지껄한 밤을 보내고 2000년 1월 1일이 밝자 사람들은 언제 그랬냐는 듯 덤덤하게 21세기를 맞았고, 여느 날과 똑같은 일상이 이어졌다.

  같은 시각, 전국 곳곳에서는 새천년을 기념하는 다양한 행사가 열렸다. 강릉 정동진과 추암해변(촛대바위) 같은 일출 명소뿐 아니라, 전국 방방곡곡 지방자치단체는 해맞이 축제를 기획하며 유명 연예인 섭외에 무진 애를 쓰고 있었다. 예산이 넉넉한 지역들은 비교적 쉽게 스타

---

[38] 소위 '2000년 문제(Year 2000 Problem)'. 그 약칭은 'Y2K'인데, Problem(문제)은 생략하고 1000을 K로 환산했기 때문이다.

를 초청할 수 있었으나, 그렇지 못한 곳들은 무대에 세울 출연진을 찾아 백방으로 뛰어야 했다. 이 가운데 한 지자체는 '해돋이'와 관련된 제목의 곡을 부른 가수를 찾다가, 「절망의 새벽」이란 곡을 발견하고 이 노래를 부른 주인공을 행사에 초대하는데, 단지 '새벽'이라는 단어가 제목에 포함되었다는 이유에서였다.

곡의 주인공은 새드 레전드Sad Legend라는, 1997년 결성된 한국의 블랙 메탈 밴드로, 한恨을 음악적 모티프로 삼은 곡 「절망의 새벽」은 처절한 프라이 스크리밍 창법으로 절규하며 동시에 서정적인 가사를 노래한다. '슬픈 전설'이라는 밴드 이름에 걸맞게 이들의 음악은 음울한 선율과 느린 템포로 진행되는 가운데 보컬의 절규는 태곳적 신화와 같은 노랫말을 낭송한다.

> 거룩한 대지의 어머니여
> 이 새벽과 함께 나를 거두소서
> 당신을 지켜온 나를
> 이 절망의 새벽과 함께
>
> _새드 레전드, 「절망의 새벽」[39] 중

---

[39] 유튜브, '새드 레전드(Sad Legend) - 절망의 새벽(Dawn Of Despair)' www.youtube.com/watch?v=4QzkRM2wTrs

새드 레전드는 국내에 잠시 일었던 메탈의 중흥기에 태어난 밴드로 대중적으로는 널리 알려지지는 못했으나 메탈 음악 커뮤니티에서는 전설과도 같은 존재감으로 기억되고 있다.

메탈은 영미권에서 태어나 세계 각지로 퍼져 각국의 정체성을 반영하며 독자적 형태로 발전한 결과, 다양한 하위 장르로 분화되었다. 예컨대 새드 레전드에게 '한'이라는 정서가 메탈과 융합하였듯 스칸디나비아반도에서는 메탈이 바이킹 전투, 오딘이나 토르와 같은 신들의 전쟁 서사로 대표되는 북유럽 문화와 조우하며 피리, 니켈헤르파[40], 백파이프 등과 같은 민속 악기를 편성하는 새로운 음악적 태동을 일으켰다. 그중 스웨덴은 전통적인 데스 메탈의 형식 위에 특유의 선율을 가미한 '멜로딕 데스 메탈'이라는 하위 장르를 분화시킨 종주국으로 잘 알려져 있다.

이러한 음악적 변화의 배경에는 북유럽의 자연환경과 문화적 특성이 자리하고 있다. 혹자는 혹독한 기후와 길고 어두운 겨울이 북유럽 음악가들에게 내면 지향적이며 무거운 음악을 추구하도록 영향을 미쳤다고 본다. 또한 1990년대 블랙 메탈과 데스 메탈을 중심으로 북유럽의

---

[40] 옛날 스웨덴의 현악기. 허디거디(hurdy-gurdy)와 비슷하지만, 롤러 대신에 활로 소리를 낸다.

민속 문화와 유산이 재조명된 것도 중요한 요인이다. 북유럽 특유의 예술적 실험 정신이 이러한 음악적 중흥을 촉진했다는 분석도 있다.

예컨대 핀란드의 데스 메탈 밴드인 엔시페럼Ensiferum은 2004년에 발매한 동명 앨범 「Ensiferum」에 수록된 「Old Man Väinämöinen」에 핀란드의 전통 악기 칸텔레[41]를 사용함으로써 가사의 신비로움과 이국적인 분위기를 배가했다. 또 다른 핀란드 밴드 칼마Kalmah는 민속 문화의 영향을 많이 드러내 보이는 동시에 핀란드 신화와 역사를 음악으로 선보였다. 특히 2003년에 발매한 「Swampsong」의 수록곡 「Heroes to Us」는 핀란드를 수호하기 위해 싸웠지만 잊힌 역사 속 영웅들을 기리고 있다.

> Above all written laws, a growth concept created by the patriot of the civilized world 모든 법 위에 군림하는 성장 개념, 문명 세계의 애국자가 만든 것
> (중략)
> A gift of today's world 그래 오늘날 세상의 선물
> Heroes to us (Heroes to us) 우리들의 영웅 (우리들의 영웅)
> Heroes to us 우리들의 영웅
>
> _Kalmah, 「Heroes to us」 중

---

[41] 핀란드의 전통적 하프(harp)

북유럽 데스 메탈은 메탈의 본류인 영미권 데스 메탈과는 또 다른 특징을 지닌다. 영미권 데스 메탈의 경우, 음악의 빠르기나 세기에 집중하며 음악의 구성과 악기편성이 단조로운데, 바이킹 데스 메탈로 불리는 북유럽 음악은 멜로디를 중심으로 음악이 완성된다. 때문에 미니멀한 영미권의 데스 메탈보다 화려하다는 인상을 준다. 여기에 스칸디나비아반도의 신화라는 소재가 노래로 치환되며 데스 메탈이 전혀 새로운 양상으로 전개되며 독자적 노선을 개척하게 된 것이다. 이 같은 특성은 스웨덴의 대표적인 바이킹 메탈 밴드 아몬 아마스Amon Amarth에게 두드러진다. 이들은 주로 노르웨이 신화의 세계관을 음악으로 담아낸다. 2008년에 발매한 「Twilight of the Thunder God」은 북유럽 신화 속 토르와 괴물 뱀 요르문간드의 전투를 묘사하는 웅장한 스토리텔링을 담고 있다. 마치 한 편의 대서사시를 미지의 존재가 인간에게 신화를 들려주듯, 강렬한 그로울링, 광속의 기타 솔로, 터질 듯한 베이스 연주, 드럼의 블래스트비트[42]로 표현함으로써 데스 메탈의 형식을 유지하고 있다.

---

[42] Blast beat, 줄여서 '블래스트'라 부르는 드럼 비트. bpm 160 이상의 속도에서 8분음표로 매우 빠르게 연타되는 비트로, 익스트림 메탈, 특히 데스 메탈과 그라인드코어에서 주로 사용한다. 나무위키 '블래스트비트'에서 연관된 영상을 참고할 수 있다.

The serpent rises from the waves

거대한 뱀이 파도 속에서 나타났다네

Jormungandr twists and turns, mighty in his wrath

강한 분노와 함께 요르문간드가 몸을 비튼다네

The eyes are full of primal hate

눈은 원초적인 증오로 가득 차 있다네

Thor, Odin's son, protector of mankind,

토르, 오딘의 아들, 인류의 수호자

ride to meet your fate, your destiny awaits

네 운명을 마주하기 위해 떠나가게나, 운명이 기다리고 있다네

_Amon Amarth, 「Twilight of the Thunder God」 중

 새드 레전드는 한국적 정서를 바탕으로 '한'을 표현하는 반면, 북유럽 밴드들은 신화라는 특유의 서사성과 웅대한 서정미를 바탕으로 자신들의 '정체성'을 공고히 한다. 마치 사극이 과거의 이야기를 오늘날의 의미로 재구성하듯, 새드 레전드와 북유럽의 메탈은 각각의 운명 공동체가 공유하는 정서와 신화를 소환하여 동시대와 연결 짓는 시도를 이어가고 있다. 이들은 앞서 살펴본 사극과 메탈에서 찾아볼 수 있는 기술적 닮은꼴뿐 아니라, 역사적 사실을 길어 올려 활용하는 것에 그치지 않고 동시

대적 정체성을 부여하며 새로운 역사를 이어가는 방식이라는 점에서 원초적 도구로써 시공간을 자유롭게 넘나든다. 장르와 시대를 넘어 울려 퍼지는 목소리는, 과거와 현재, 그리고 미래를 잇는 감각의 교차점이자, 인간이 과거를 기억하고 자신의 정체성을 재확인하며, 세계와 연결되기 위해 만들어낸 초월적 언어인 셈이다.

10. 으르렁거리며

나는 '사극'과 '메탈'의 공통분모를 찾을 수 있을 것이라 단언하며 이번 연구를 시작했다. 사극과 메탈의 공통점을 찾아가는 과정에서 예상했던 것보다 많은 분야의 지식과 개인적인 기억을 소환해야 했고, 보컬 실습의 경우, 스스로 학습의 어려움을 절감하고 보컬 코칭과 같은 전문 교육도 고려해봤지만, 사극과 메탈에 직접 몸을 부딪히는 여정을 기록하는 편을 택했다.

지난해부터 시작된 연구가 마무리되는 시점에 두 장르는 호기심의 대상에서 어느덧 나의 일상으로 자리 잡은 듯하다. 식당에 아무렇게나 틀어져 아무도 보지 않는 오래전 TV 사극을 만날 때면 반가운 마음에 눈을 떼기 어렵고, 싱크대 배수구에서 물 내려가는 소리가 그로울링으로 들려 괜스레 소리를 따라 해보곤 한다. 이제는 제법 애호하는 데스 메탈 밴드, 앨범, 애정하는 곡과 라이브 클립이 생겨 이들을 몇 번이고 반복해 듣고 있고, 집필을 마칠 때까지 완수하지 못한 〈태조 왕건〉도 꾸준히 시청하며 사극의 경험과 애정을 키워나갈 예정이다. 일천했던 연구가 집필을 마치고 나서야 비로소 본격적으로 시작되는 기분이다.

그동안 수행한 사극 발성과 메탈 그로울링에 대한 연

구와 실습을 통해 발견한 흥미로운 점은 사극 배우와 메탈 보컬 모두 목을 혹사하지 않는 범위 안에서 원하는 소리를 찾기 위해 세밀한 조정과 조율에 중점을 둔 연습을 거듭한다는 것이다. 두 울부짖음이 감정을 극단적이고 과장된 표현으로 전달하려고만 한다는 오해의 이면에는 이들이 단순히 '강한' 소리를 내지르는데 그치지 않고, '최적'의 소리를 찾는 과정에서 소리를 정교하게 통제함으로써 성취하는 미적 완결성을 추구하고 있음을 알 수 있다. 치밀한 훈련의 과정을 거쳐야 창조성이 보장된다는 흥미로운 발견과 함께 그동안 연구를 통해 만난 소리에 관한 단상을, 앨런 긴즈버그Allen Ginsberg의 시 「Howl 울부짖음」에 헌정하며 마치려 한다.

으르렁거림이란 무엇인가.

으르렁 이것은 갓 태어난 생명이 처음으로 내뱉는 소리, 생존을 위한 최초의 절규, 새로운 존재가 세상에 던지는 무력한 선언.

으르렁 우리가 처음으로 이름을 밝히는 순간, 자신의 존재를 각인시키려는 본능,

으르렁 술이 목을 타고 넘어갈 때, 뜨거운 액체가 식도를 긁어내며 내는 소리. 밤의 끝에서 남은 자들이 목청껏 부르는 노래, 숙취와 함께 남겨진 찢긴 목소리,

으르렁 이것은 자신의 약점을 감추기 위한 수단과 방법
이자 엄중한 주의다. 단단한 외피를 만들어 연약한
속살이 다치지 않도록 두꺼운 껍질로 둘러 싸고 떼는
시침. 다만 시치미에서 그치지 않고 되려 더 큰 소리
내는 것,

으르렁 과장된 표현으로 고래고래 소리를 지르며 상대
방의 기선을 제압하는 것, 시방 한 마리의 위험한 짐
승[43]으로 분하여 내면에 잠들어 있는 야수성을 일시
적으로 소환하여 원시의 감각을 회복하고 비로소 현
재로부터 해방,

으르렁 깃발이 나부끼는 전장, 북소리가 울려 퍼지고,
군사들은 포효하며 돌진한다. 창과 방패의 부딪힘,
함성의 앙상블,

으르렁 마지막 순간을 맞이하는 장수와 패배를 직감한
병사, 참수대 위에 선 삶을 끝내는 목소리는 결코 고
요할 수 없다,

으르렁 그것은 원래 내 몫을 내 것이라고 우기기 위한
외로운 포효. 결점을 숨기고 부족함 만회하기 위해
갈고닦아 윤이 나는 인공 보철,

으르렁 기대했던 남성성을 충족하고 얻은 감추어온 쾌

---

[43] 김춘수의 시 「꽃을 위한 서시」 첫 행 '나는 시방 위험한 짐승이다'에
서 차용

미와 사랑의 서작,

으르렁 한 시대를 정의하는 소리. 과거를 복원하는 언어,

으르렁 셀 수도 없이 많은 갈래로 분화한 삶의 방식으로부터 유리된 자신이 처한 현실로부터 탈락했다는 사실의 확인,

으르렁 부질없이 솔직해지는 것. 진실의 표면처럼 거친 소리를 입으로 굳이 흉내 내는 몸부림,

으르렁 샤먼의 장단에 맞춰 헤드뱅잉으로 또 다른 자아를 강림시키는 순간,

으르렁 늑대 펜리르[44]처럼, 신화 속 전사들이 전장에서 외친 함성과 신을 두려워하지 않는 지금 존재들의 규합,

으르렁 시간의 흐름을 찢고 틈입하는 포효, 울부짖음은 시대를 넘어 공명하며, 존재를 기입하는 초월,

---

[44] Fenrir, 북유럽 신화에 등장하는 괴물 늑대

4부 여적[1]

인턴 연구 일지와 보고서: 바람 잘 날 없어도 드라마는 계속된다

유진영

드라마 연구회를 내부를 들여다보는 낯선 시각과 붓 끝에 남은 먹물이 연구회가 나아갈 길을 밝힌다. 시트콤이라는 장르와 이순재 배우의 역할을 통해 가부장제를 비롯한 한국의 사회·문화적 변화를 조망한다.

---

[1] 餘滴, 붓 끝에 남아 있는 먹물

유진영

시각예술 전시를 기획하고 관련한 일들을 꾸린다. 성실한 미술 노동자가 되는 것을 목표로 제도 안팎의 다양한 곳을 거쳐 현재 두산아트센터 두산갤러리에서 큐레이터로 근무하고 있다. 드라마 연구회의 인턴 연구원으로, 경험해보지 않은 과거에 환상 같은 그리움을 가지며 오래된 드라마와 시트콤을 반복해서 본다.

□ **4부 차례** □

일지 1: 가입 ··· **262**

일지 2: 관찰 ··· **264**

일지 3: 목표 ··· **267**

일지 4: 결론 ··· **273**

보고서: 가부장 대격돌_한국 시트콤과 이순재 ··· **275**

일지 1 – 가입

 수상한 연구회에 가입했다. 드라마 연구회라니. 마음이 설렌다. 아직은 인턴 연구원이다.

 지금껏 나는 희미한 세계에 속해 있었다. 그 안에서 거대하고 시급한 문제를 내 일처럼 고민하거나, 그와 반대로 순수하고 실체 없는 아름다움을 맹목적으로 좇다보니 유치하고 속물적인 대중문화를 향한 열렬하고도 은밀한 사랑을 표현할 길이 좀처럼 없었다. 친구보다 가족보다 더 친밀하게 나의 유년 시절을 가득 채워주던 드라마와 시트콤, 각종 TV 프로그램과 데면데면하게 지내기를 몇 년, 이 결핍이 마음마저 허기지게 만들 무렵 드라마 연구회를 만났다.

 이곳에서는 (대체로) 무엇이든 괜찮다. 드라마 연구회는 돈과 사랑을 탐하고, 세속적 욕망을 드러내는 것에 주저함이 없으며, 더 높은 자극을 미덕이라 여기는 드라마에 대해 진지하게 연구하고 성찰한다. 속해 있는 사회에서 취향을 떳떳하게 드러내지 못한 세월이 얼마나 되었는지 돌이켜보면 지금 이곳이 얼마나 보석 같은 곳인지를 다시금 깨닫는다.

 드라마 연구회의 선임 연구원들은 각자의 전문 영역을 두고, 한국 드라마 전반에 대한 애정과 전문성을 아낌

없이 뽐낸다. 그에 비해 '드라마적' 소양이 다소 부족한 나 역시 드라마 안에서 어떤 진리를 찾을 수 있을까? 정식 연구원이 될 만큼 깨달음을 얻을 수 있을까? 나의 전공 분야를 어떤 것으로, 연구 목표는 무엇으로 설정해야 할까? 이 연구는 정량에 따르는 방법론으로는 불가능하니, 최대한 정성을 담은 결과를 잘 도출해내기를 시도해야 한다.

무엇보다 중요한 것은 '연구 윤리'다. '대중'이라는 넓은 의미의 대상을 위해 만들어지는 것에 기준과 책임감이 뒤따르듯, '대중문화'를 연구하는 데에도 고려되어야 할 여러 가지 연구 윤리가 존재할 테다.

(2023년 하반기)

일지 2 - 관찰

 인턴 연구원(사실상 객식구)으로 드라마 연구회에 함께한 것도 어느덧 해를 넘겼다. 아직은 거리를 두고 관찰 중이다. 그사이에도 몇 개의 히트 드라마가 방영되었고, 드라마 연구회 내에서 자체적으로 히트한 드라마도 있었다.

 선임 연구원들은 정말 다양한 드라마를 본다. '이런 걸 대체 누가 본다고 계속 만드는 거지?' 싶었던 드라마도 아낌없이 시청한다. 그들은 특히 한국 드라마의 정통이라고 할 만한 특정 작가나 감독에 열광하는 모습을 보인다. 가능한 한 더 통속적인 것에 몰두하며 거의 작두를 타듯 상식과 비상식, 현실과 비현실을 오가는 이야기에 호응한다.

 물론 나 역시 드라마를 볼 때 크게 다른 태도를 보이고 있지는 않다. 콘텐츠 편식이 꽤 심한 편이다. 일례로 더 이상 슬픈 사랑 이야기는 보지 않는다. 연애 감정을 유발하는 시시콜콜한 사랑 이야기도 잘 보지 않는다. 환상으로조차 그런 사랑에 기대하는 바가 없기 때문이다. 대신 내가 살아보지 못한 다른 직업 이야기에 깊은 흥미를 느낀다. 거의 3절까지 해대서 속을 터지게 만드는 유머를 좋아한다(이런 유는 요즘 한국 드라마에서 찾기 어렵다).

 예전에는 대하드라마나 1년 넘게 이어지는 주말 드라

마도 잘 보았으나, OTT의 드라마 공개 시스템에 익숙해진 탓인지 매주 2회씩 방영되는 16부작 미니 시리즈마저도 이제는 기다리며 보기가 어렵다. 방영이 모두 끝나고 나면 2~3일 내로 몰아서 시청한다. 국내외를 가리지 않고 그때그때 끌리는 대로 신작을 보는 편이기는 하지만, 여전히 2000년대 후반에서 2010년대 초반의 한국 드라마와 시트콤이 가진 노스탤지어에 젖어 이미 다섯 번쯤 본 것들을 보고 또 본다.

연구원들이 다름 아닌 '한국' 드라마에 이토록 천착하는 것을 보면 우리는 모두 드라마를 통해 현실에서 아주 살짝 비껴 나간 무언가, 왠지 내 삶에서도 가능할 것만 같은 무언가를 찾고 있는 걸까?

연구원들은 각 드라마가 구축한 세계를 하나의 독립적인 세계로 존중한다. 연기자의 실제 이름이나 외모에 관해서는 이야기하지 않으며, 오직 작중인물로만 그들을 바라보고 연구한다. 아직 충분한 대화를 나눌 만한 기회가 없던 것일 수도 있지만, 서로에 대해서는 각자의 연구 영역을 존중하는 태도를 바탕으로, 친목 도모에 가까운 교류를 이어가는 모습이다. 분명 한국 드라마라는 거대한 발판을 공유하고 있지만, 그 안에서 서로의 관심사에 따라 선택하는 드라마가 조금씩 다른 듯하다. 이들이 각자

출발하는 지점은 개개인의 삶의 형식과 양태가 고스란히 반영된 결과물로 보인다.

드라마는 시대를 기록하는 허구적 증언이자 개개인의 가치관과 삶의 형식이 연동된 사회적 산물이다. 시기에 따라 작게는 패션이나 직업군부터 크게는 말투, 가족 형태, 사건의 종류와 해결 방식이 달라진다. 여타의 대중 매체들과는 다르게 이른바 '안방극장'으로 일컬어지는 드라마만의 특별한 거리감으로 인해 수많은 시청자가 드라마 속 인물들과 교감하고, 시간을 공유하며, 간접 경험을 실제 삶을 살아가는 데 반영한다. 드라마가 없는 세상, 가당치 않아 보인다.

(2024년 상반기)

일지 3 – 목표

1.

 1년이 꼬박 지났다. 크게 흥행한 드라마가 있었고, 만든 이나 출연자의 명성이 무색하게 대패한 드라마도 있었다. 어쩌면 더 이상은 시청률로 드라마의 성공 여부를 이야기할 수는 없는 시대일지도 모르겠지만 말이다.
 아무튼 이제는 나의 전문 분야를 확실하게 설정할 때다. 이 연구회는 나에게 특별한 것을 요구하지 않으며, 도리어 재주껏 기량을 펼칠 자유를 준다. 그리고 이 자유 안에서 나는 더 큰 책임감과 연대 의식을 느낀다. 때로 연구란 실체 없는 것 혹은 보증할 수 없는 것을 끊임없이 좇으며 형상을 만들어가는 일로 느껴진다. 연구란 연구자 자신과 연구 대상에 대한 큰 애정과 믿음, 책임감을 동반한다.
 하지만 드라마는 나에게 어디까지나 여가의 대상이 아니었던가? 왜 나는 좋아하는 것을 즐기는 데에 만족하지 못하고 일의 영역으로 끌고 오려는 걸까? 모르겠다. 일단은 해보아야 알 듯하다. 드라마를 왜 보는지부터 질문을 던져보아야 할 테다. 드라마를 연구한다는 것은 드라마를 소비하는 일에 더욱 전문가적 혹은 직업적인 의식을 갖고 임한다는 것이다. 드라마 보는 것을 '일(혹은 그에 준하는 전문 영역)'로 상정하기로 한 이상, 연구를 위한 최소한의 준칙을 마련해야 한다.

(1) 일일 1시간 이상 드라마 시청 의무화
(2) 폭넓은 레퍼런스 축적: 선호하는 장르는 보는 양을 대폭 늘리기, 비선호 장르도 일주일에 1편씩은 반드시 감상하기
(3) 그냥 감상하지 않고, 문제의식이나 관점을 갖고 이와 연결할 수 있는 지점을 도출하기
(4) 누구와든 감상을 나누기

이 규칙들을 머릿속에 새기며 연구를 시작해보기로 한다.

2.

몇 가지 규칙하에 매일 1시간 이상 의무적으로 드라마를 감상한 지 어언 두 달째다. 시간이 아무리 없어도 매일 무언가를 보았고, 시작한 시리즈는 되도록 끝내려고 노력했다. 나는 유튜브 쇼츠나 클립 영상만을 보고 그 드라마를 전부 보았다고 착각하는 일이 많았던 사람이기 때문

에 우선 그 안일한 태도부터 없애고자 했다. 그렇게 8종의 국내 드라마, 5종의 해외 드라마, 여러 편의 국내외 시트콤을 보았다. 옛날 드라마는 2종을 보다가 말았다.

나의 연구 분야는 '시트콤'으로 결정했다. 왜 시트콤이냐 하면, 시트콤이라는 장르에 보편적으로 담겨 있는 세상을 대하는 태도가 내가 삶을 마주하는 자세와 가장 닮아 있기 때문이다. 시트콤과 내 삶의 교착 상태에 대해 생각해보려면 머나먼 과거로 거슬러 올라가야 한다. 지금처럼 취미로 삼을 만한 게 그다지 많지 않던 시절, 동네 밖으로 나가는 것도 여의찮던 때 내가 가장 손쉽게 찾을 수 있는 친구는 TV였다.

그중에서도 가족이나 친구, 혹은 어쩐지 멋있어 보이는 대학생 언니, 오빠처럼 현실과 그리 동떨어지지 않은 모습으로 매일 저녁 나를 반겨주던 시트콤 속 인물들이, TV에서 내가 가장 좋아하던 존재였다.

최근에는 지난 몇 년간 유튜브에서 순서 없이 뒤죽박죽으로 감상하던 한국 시트콤들이 넷플릭스에 올라와서 TV에서 직접 시청하던 시절처럼 시간 순서에 맞게 보는 중이다. 짧고 가벼움. 모름지기 시트콤의 미덕은 매일 짧고 가볍게 감상하는 것에 있는데, 두세 편 분량을 연달아서 진지하게 보는 방식을 취하니 어쩐지 나와 시트콤 사이가 전보다 멀어진 것만 같다. 막역했던 어린 시절 친구가 갑자기 거래처 직원이 된 기분 같기도 하고, 당최 무슨 감정인지 모르겠는 씁쓸함도 있다. 이번 훈련 과정을 통해 드라마를 시청하는 일 자체에 대한 여러 가지 고민이 생겨났다.

3.

무언가를 보는 것은 나에게 아주 일상적인 행위로, 일에서나 여가 시간에서나 거의 쉬지 않고 다양한 콘텐츠를 보는 편이다. 이처럼 어떤 것이 일상의 영역이 될 때 우리는 그 대상에 특별한 의식이나 판단 기준을 두지 않고 무분별하게 받아들이는 오류에 빠지기 쉽다. 그렇지만 드라마를 소비하고, 연예인을 소비한다는 관용 표현을 다시 숙고해볼 필요가 있다. 이는 대중문화가 자본주의 시스템의 핵에 위치한 거대한 산업임을 의미하는 것이며, 그 거대 산업이 사회 전반에 미칠 수 있는 영향 또한 얼마나 막대할 수 있는지를 생각해보게 하는 표현이다. 소비에는 반드시 기준과 철학이 필요하다.

좋아하는 특정 시기의 드라마를 여러 번 반복해서 시청하는 사람으로서, 같은 드라마를 볼 때마다 드는 감상이 다르다는 점은 나와 드라마 사이의 관계가 형성되고 있음을 느끼게 하는 아주 매력적인 요인이다. 하지만 대체로 많은 면이 시간이 지나면 지날수록 여러 차원에서 불편해지곤 한다. 그때는 괜찮았던 것들이 지금은 도저히 괜찮지 않기 때문이다. 이는 시간이 흐름에 따라 사회적·도덕적 기준이 달라졌기 때문이기도 하고, 개인의 가치관이 계속해서 변했기 때문이기도 하다.

물론 단순히 지금의 기준과 그때의 기준을 일대일로 견주며 평가하는 일은 지양하려 하지만, 그럼에도 나의 소비 철학에 계속해서 질문을 던지게 만드는 순간은 왕왕 발생하기 마련이다. 실내에서 흡연하는 장면, 진수성찬으로 세 끼를 차려 먹는 가족의 식탁, 아무렇지 않게 성적性的 대상화를 일삼는 모습, 혹은 누군가를 향해 쉽게 손을 올리는 장면 같은 것들 말이다.

하지만 이런 장면들은 상영 시간 내내 나오는 것은 아니니 흐린 눈을 하고 넘길 수 있다. 나를 정말 고민하게 만드는 순간은 각종 중범죄로 사회 면에 실려 더 이상 활동하지 못하는 연예인들이 출연했던 드라마를 내가 너무 사랑할 때다. 눈물을 머금고 보지 못하는 드라마 몇 개가 머릿속에 스친다. 그것을 계속해서 소비할지 말지를 정하는 일이 대중문화의 열렬한 소비자로서 현명한 결정을 내리고 싶은 나에게는 가장 큰 고민이다. 나는 늘 그대로인 것 같은데, 왜 연예인들은 언제나 생각지도 못한 온갖 추문에 휩싸이는 것인지. 가끔 그 드라마들은 꿈에도 나와 나를 유혹한다. 도덕적 판단 기준과 유희의 대상, 혹은 또 다른 전문 영역으로서 드라마 사이에 나는 무엇을 우위에 두고 이들을 소비해야 할지 끝없는 딜레마에 빠져버린다. 검열의 늪에 빠지지 않되, 스스로의 가치 판단 기준에 위배되지 않는 윤리적 소비란 가능한 것일까?

(2024년 하반기)

일지 4 - 결론

열린 결말을 향하여!

    고민도 연구도 현재 진행 상태다. 모종의 이유로 몇 년간 꺼내어 보지 못했던 2007년 드라마를 다시 보다가 결국 완주에 실패했고, 몇 개의 신작 드라마는 귀를 살짝 막고 눈을 반쯤 뜬 채 재미있게 보았다. 분열된 자아 덕에 그 답을 얻지 못하니, 연구 역시 자기 확신 부족으로 선행 연구에 비견할 만한 단계에 도달하지는 못했다.

    세상사 제아무리 바람 잘 날 없어도 드라마는 계속된다. 새로운 플랫폼의 습격에도 좌절하지 않으며, 그 형식을 바꾸거나 다른 문화의 영향을 적극적으로 흡수하고, 오래된 장르의 문법을 계속해서 갱신하며 지금의 우리에게 볼만한 것을 내놓는다.

    이 이상한 세상을 담는 울퉁불퉁한 그릇이자 반사하는 거울로서 드라마의 역사는 앞으로도 이어질 것이다. 나는 보편의 삶을 관찰하고 기록하는 기록자로서의 대중문화와 드라마의 힘을 믿는다. 나아가 구습을 옹호하지 않고, 더욱 예민하게 현실을 재구성하기를 시도할 때 드라마가 계속해서 시대 안에서 유효성을 갖게 된다는 사실 역시 믿어 의심치 않는다. 드라마 연구회 역시 그 의미를 더

함이나 덜함 없이 냉정하게 연구하고 기록하는 사관史官의 마음으로 계속되어야 할 것이다.

(2025년 1~3월)

보고서
가부장 대격돌_한국 시트콤과 이순재

유년 시절을 아련하게 채워주는 몇 가지 기억이 있다. 주말 아침, 느지막이 일어나 TV 앞에 앉아 있는 부모님 곁으로 가서 잠결에 보던 〈신비한 TV 서프라이즈〉, 할머니 댁에서 할머니, 엄마, 언니와 나란히 누워 지난 줄거리 브리핑을 배경 삼아 보던 일일 드라마, 손바닥만 한 PMP 화면으로 챙겨 보던 영화, 그리고 학원이 끝나면 헐레벌떡 집으로 달려가 아무거나 입에 욱여넣으며 보던 시트콤까지. 어쩐지 다 영상물과 관련된 추억이다.

실제 공간에서 입 밖으로 말을 꺼내는 것보다는 가상 공간에서 익명의 친구들과 대화를 더 즐기던 나는 유난스레 무언가를 보는 것에 집착했다. 유튜브나 넷플릭스 같은 플랫폼이 없어 새벽 2시가 넘어가면 모든 방송이 멈추던 시절, 겨우 일주일에 한두 번씩 감질나게 시청하는 것이 아니라 매일 같은 자리에서 나를 반겨주던 시트콤은 수많은 드라마 장르 중에서도 내가 가장 좋아하는 것이었다. 시트콤이 다루는 작은 이야기는 평범한 하루하루를 쌓아 올려 일궈내는 우리 삶의 보편성과 닮아 있다. 그 일상성은 모든 것이 실재하는 듯한 현실감을 부여하는, 정교한 서사적 마법인 것이다.

이제는 세계 곳곳의 시트콤을 보는 것이 어렵지 않지만, 당시만 해도 시트콤 장르의 대모 격인 〈프렌즈〉 외에는 다른 나라의 시트콤을 볼 수 있는 기회는 거의 없다시피 했다. 신문물에 그리 밝지 않았던 나에게 시트콤은 오직 한국 시트콤뿐이었고, 그런 애정에 힘입어 분명 한국 시트콤에는 다른 장르에서는 찾아볼 수 없는 오리지널리티originality와 리얼리티reality가 있다고 생각했다.

시트콤이라는 장르 자체가 원체 협소하긴 하지만, 한국 시트콤은 유난히 운신의 폭이 좁다. 〈세 친구〉(2000~2001), 〈논스톱〉(2000~2005), 〈안녕, 프란체스카〉(2005~2006) 등 범주를 벗어나는 여러 사례들이 확실히 있지만, 분명 한국 시트콤의 로열 패밀리가 권력을 독점하고 있었기 때문이다.[2] 그 주축에는 김병욱 PD(이하 호칭 생략)가 있으며, 김병욱 사단이 만든 가족 시트콤이 절대적인 힘의 계보를 잇고 있었다.[3]

1995년 〈LA 아리랑〉 이후 〈순풍산부인과〉를 시작으로

> **2** 과거형이다. 이제는 TV 시트콤의 시대가 쓸쓸히 막을 내렸고, 김병욱은 2017~2018년 〈너의 등짝에 스매싱!〉의 쓸쓸한 부진 이후 더 이상 시트콤을 제작하지 않는다.
>
> **3** 물론 〈똑바로 살아라〉, 〈귀엽거나 미치거나〉(2005) 등 가족 시트콤이라는 범주 안에서 대가족이 아닌 핵가족의 형태로, 변화하는 시대상을 더 적극적으로 수용하려는 시도 역시 존재했으나 시청률의 저조함 때문일까 결국에는 하이킥 시리즈를 통해 다시 대가족물로 회귀하고, 캐릭터 역시 더 보편적인 범주 안에서 작동하는 인물들로 분한다.

김병욱의 대가족 판타지는 크고 작은 형태를 달리하며 20여 년간 이어진다. 김병욱 시트콤 속 가족의 형태는 대체로 조부모부터 손주까지 3대가 한 집에 모여 사는 대가족의 모습을 띤다. 사실은 그 어떤 드라마보다 더 허구 같은 설정이지만, 이러한 가족의 역사가 한국인의 피에 흐르고 있기 때문인지는 몰라도 괜스레 친숙하고 정겹다.

매일이 좌충우돌이지만 마음이 따뜻한 가족들, 구성원 한 명 한 명 개성이 넘치지만 이들을 한 가족으로 연결하는 중심에는 언제나 예외 없이 할아버지가 있다. 오지명과 신구, 이순재까지, 아마도 세대에 따라 떠오르는 할아버지 역할의 배우가 다르리라 예상되지만, 나에게는 단연 이순재 배우(이하 호칭 생략)가 으뜸이다.

이순재는 김병욱 사단 시트콤의 마지막 할아버지이자 노주현과 박영규의 뒤를 잇는 김병욱의 페르소나였다. 이순재는 전설과도 같은 〈거침없이 하이킥!〉을 시작으로 김병욱 세계관에 합류한 뒤 파죽지세로 〈지붕 뚫고 하이킥!〉(2009~2010)과 〈감자별 2013QR3〉(이하 〈감자별〉)에 출연했다.

성Family Name이라는 성Castle

가족의 중심축을 간단하지만 가장 강력하게 드러내는

방법은 무엇일까? 아마도 성씨일 것이다. 가부장제 사회에서 성을 물려받는 것과 물려주는 것, 그 대물림의 고리가 갖는 힘의 의미는 비단 우리나라뿐 아니라 전 세계 어디에서나 통용된다.

그렇다면 한 가족을 중심으로 인생의 희로애락을 관찰하는 가족 시트콤에서 가장 막강한 권력을 가진 역할은 누구일까. 단연, 원래의 본명을 잃지 않는 자일 것이다.[4] 첫 작품 〈거침없이 하이킥!〉에서 이순재는 성까지 온전하게 자신의 이름을 지키며 가족의 중심축으로 열연한다. 이순재를 중심으로 형성된 이씨 일가는 이준하, 이민용, 이민호와 이윤호까지 성과 이름을 달리하며 3대를 이루었다.

하이킥 시리즈 속 할아버지를 중심으로 한 가족의 형태는 필연적으로 병원과 회사 등 가족의 주 수입원이 되는 경제적 자원과도 연결되며 경제 공동체로서 가족 역시 힘의 논리에 얼마만큼이나 복속될 수밖에 없는지를 보여준다.

잠깐 거슬러 올라가 김병욱의 SBS 시트콤 트릴로지[5]

---

[4] 모든 시트콤이 그러한 것은 아니나, 시트콤에는 현실과의 거리감을 좁히고 사실성을 높이기 위해 등장 배우의 실명을 극 중 역할로 그대로 갖고 오는 전략을 빈번하게 취해왔다.

[5] Trilogy, 삼부작. SBS에서 김병욱이 연출을 맡은 시트콤들로, 〈순풍산부인과〉(1998~2000), 〈웬만해선 그들을 막을 수 없다〉(2000~2002),

속 할아버지들을 다시금 되짚어본다. 할아버지 캐릭터의 원형과도 같은 〈순풍산부인과〉 속 오지명 배우(이하 호칭 생략)는 순풍산부인과의 오 원장인 오지명으로 분하며 원조에 걸맞은 절대적인 카리스마를 뽐냈다. 물론, 개인 에피소드마다 소심한 성격을 드러내며 적당히 허술한 면을 보여주기도 했지만 분명 그는 의심의 여지없이 전형적인 가장, 오씨 집안의 기둥이었다. 일터에서나 집안에서나 그 권위를 인정받은 오지명은 큰 소리를 내거나, 구태여 힘을 부풀릴 필요 없이 특유의 말투로 짜증을 내며 상황을 정리한다. 이때 나머지 구성원들은 어쩔 도리 없이 그의 말을 따르곤 했다.[6]

한편, 신구 배우(이하 호칭 생략)는 조금 예외적인 경우로 〈웬만해선 그들을 막을 수 없다〉에 출연했던 그는 아들로 출연한 노주현(노주현)에게 성씨를 빼앗기고 '노구'라는 역으로 분한다. 그렇지만 그 실상은 다르다고 볼 수 있는데, 생산 인구로서의 소명을 다한 이빨 빠진 호랑이처럼 보이는 노구는 사실 가족의 집, 2층 양옥집의 주인이자 부동산 부자로 경제권을 쥐고 있다. 그렇기에 노구

〈똑바로 살아라〉(2002~2003)를 가리킨다. 소위 '순풍-웬그막-똑살 트릴로지'라고 부른다.

6 오지명은 1993년 작 〈오박사네 사람들〉에서 이미 비슷한 역할을 맡은 바 있다. 오박사네 사람들 속 오지명은 다혈질의 치과 의사로, 〈순풍산부인과〉 속 오원장과 비슷한 모습을 띤다.

가 아무리 억지를 부리고, 궤변을 늘어놓아도 가족들은 결국에는 그의 말을 따를 수밖에 없었다.

오지명에서 노구까지 SBS 시절의 가장 캐릭터는 격동의 시기를 보냈던 1990년대 말~2000년대 초 한국 사회의 풍경을 반영하고 있는데, 외환 위기 이후 경제적 불능이 된 자식 세대를 구제하는 부모 세대를 고스란히 그려낸 것이다.

다시 이순재로 돌아와, 10여 년의 세월을 건너뛰어 2000년대 말의 한국을 살펴본다. 이순재는 〈지붕 뚫고 하이킥!〉에서 여전히 이순재라는 이름을 보존하며 더욱 막강해진 파워를 뽐낸다. 〈거침없이 하이킥!〉에서 볼품없는 의술 실력으로 바지 원장처럼 이&박 한의원을 운영하던 그는 〈지붕 뚫고 하이킥!〉에서는 무려 중소 식품회사 사장으로 변한다. 마치 〈순풍산부인과〉 속 오지명과 같이 이씨 집안의 왕으로 군림하는 그는 아들, 딸, 사위, 손주 모두 남처럼 부리며 가정을 통솔한다. 때로 악역은 딸인 이현경(오현경)에게 맡긴 채 넉넉한 웃음으로 인자한 어른의 모습을 취하기도 하지만, 숨길 수 없는 고집과 옹졸함은 그를 가문의 왕좌에 계속해서 올려놓는다.

김병욱의 직전 작품인 〈하이킥! 짧은 다리의 역습〉(2011~2012)의 뼈아픈 부진 때문일까. 2013년, 〈감자별〉에서 김병욱은 다시금 자신의 페르소나 이순재(그리고 노주현)를 불러들인다. 그러나 여기에서 이순재는 비로소 성을 잃게 된다(작중 이름은 '노송'으로 비극인지 희극인지 이름까지 같이 잃었다). 〈감자별〉은 이름의 분실과 함께 할아버지라는 중심축을 해체하고 전통적인 가장의 형태가 점차 사라지는 양상을 담아낸다. 번듯한 기업의 오너로서 한 가정의 경제 주도권은 아들에 이어 손자에게로 돌아갔고, 사실상 〈감자별〉 세계관 속 할아버지 캐릭터는 웃음 외에 어떤 실질적인 기능도 갖고 있지 않다(물론 시트콤에서 웃음 담당은 보물처럼 귀하지만 말이다).

이처럼 이순재의 캐릭터명 변화는 직·간접적으로 포착되는 2000년대 이후 가족 형태의 변화와 연결된다.

가족주의의 풍화

큰 위기를 넘기고 새천년을 맞이한 한국 사회는 점차 가속화되는 도시의 성장 속도를 따라, 우리 삶의 형태를 계속해서 변화시킨다. 금 모으기 운동과 아나바다 운동, 2002 한일 월드컵 4강 진출 등 기쁠 때나 슬플 때나 전국민이 함께하는 연대의 힘을 강조하던 일련의 시대적 정서는 가족 역시 하나의 사회적 공동체로 결속시키며 한국식 가족주의라는 비뚤어진 판타지를 만들어냈다.

SBS 트릴로지가 이러한 가족주의에 중심을 두고, 다르고도 같은 캐릭터 간의 별난 화합을 뽐냈다면, 2000년대 중반 이후 제작된 하이킥 시리즈는 여전히 가족주의를 표방하지만, 가족의 내부로만 향하던 방향성을 선회해 바깥으로 뻗어가는 관계들을 그리기 시작한다.

물론 〈지붕 뚫고 하이킥!〉과 비교할 때 몇 년 먼저 만들어진 〈거침없이 하이킥!〉에는 가족주의의 불씨가 여전히 강하게 살아 있다. 〈거침없이 하이킥!〉 속 가족 구성원들은 톰과 제리처럼 매일 싸우지만, 궁극적으로는 각자의 부족함으로 서로를 끌어안는다. 긍정적인 의미에서 가장이 가장으로 온전히 기능하기에 가능한 가족주의와 온정주의의 이상적인 형태를 보여주는 것이다.[7]

그러나 2년 사이에 무슨 일이 일어난 것인지 〈지붕 뚫고 하이킥!〉에서 이씨 가족은 한 지붕이라는 물리적 울

---

[7] 아마도 이러한 결합이 가능했던 것은 또 다른 가장이 존재했기 때문일지 모른다. 여태껏 이 모든 이야기 속에서 단 한 번도 전면에서 논의되지 않은 존재들이 있는데, 바로 여성 캐릭터다. 김병욱 세계관 속 여성 캐릭터는 모두 주요하지만, 동시에 가족의 기둥이 될 수는 없었다. 그런 의미에서 유일무이한 캐릭터, 〈거침없이 하이킥!〉 속 박해미는 전형성의 바다에서 솟아오르는 부표와도 같다. 〈거침없이 하이킥!〉의 남성 모두 자신의 성씨를 잃고 이름만 남아 그 정체성이 애매하게 되었을 때 여성을 새로운 가족 구성원으로 인정하지 않으려 했던 한국 가부장제의 지독한 점이 오히려 빛을 발하며 독립적인 캐릭터를 만들어낸다. 박해미. 사실상 이씨 집안을 일으켜 세운 가장이자, 전통적인 며느리상을 위배하는 능력 있는 여성 캐릭터. 착하지만 모자란 남편에게 선심 쓰듯 자식들의 성씨를 내어주었지만 그들을 이준하의 아들이기보다, 박해미의 아들들로 만드는 위력은 성이라는 가부장제의 갑옷이 갖고 있는 허상을 한껏 조롱한다.

타리 안에 가족으로 묶여 있으나 서로를 그리 개의치 않는 각자도생하는 모습을 보여준다.[8] 〈지붕 뚫고 하이킥!〉의 특이점은 확대가족과 식모라는 20세기적 풍습과 분해되어가는 가족 형태라는 21세기적 사회상이 뒤엉켜 있다는 점이다. 세경, 신애 자매를 포함하여 여러 식솔을 거느린 이순재는 여전히 위상에 걸맞게 가족의 중심에 있지만, 특별히 대립 구도나 논쟁에 끼지 못한 채 이야기의 중심에서는 점차 멀어져간다. 이야기는 아들 이지훈(최다니엘)을 축으로 삼아, 구성원들이 하나둘씩 혈연 혹은 가족의 법적 테두리에서 벗어나 자신만의 세계를 꾸려나가는 방식으로 전개된다. 이러한 흐름을 따라 이순재 역시 중반부쯤 김자옥(김자옥)과 열렬한 사랑에 빠지며, 무관심으로 일관하던 가족에서 벗어나 자신만의 로맨스를 피워낸다. 그리고 이러한 개인화는 〈감자별〉로 그대로 이어지며, 특정 시대를 이끌었던 한 세대를 점차 지워가기 시작한다.

김병욱의 시트콤이 갖는 전형성은 우리 사회에, 혹은 우리 세대에 어떤 영향을 미쳤을까? 영향이란 무릇 그 형체를 정확하게 보거나 가늠할 수 없는 법이지만, 적어도

---

[8] 사실 현실적인 이유로는 김병욱과 〈순풍산부인과〉에서부터 호흡을 맞추던 송재정 작가와의 결별 후 작품의 성격 자체가 변했다는 평을 받는다.

그것이 나에게 미친 영향 정도는 생각해볼 수는 있을 것 같다. 시트콤 키즈라고 해도 과언이 아닐 만큼 미취학 아동 시절부터 고등학교 때까지 학창 시절 전체를 시트콤과 함께 성장해온 나는 조용했던 우리 집을 빼고는 모두 다 화면 속 가족들처럼 하루하루 와자지껄, 화목하게 살아가는 줄 알았다. 시간이 지나 소설『안나 카레니나』의 첫 문장처럼 사실은 모든 가정이 비슷하고도 다른 방식으로 저마다의 드라마를 갖고 있다는 것을 깨달았을 때에도 여전히 나는 가족이라는 이상향에 대해 상상하곤 했다. 서울 어딘가에는 분명 순재네 가족이 있을 것만 같았다. 그리고 이 상상은 분명 나를 행복하게도, 불행하게도 만들었다. 화목한 가족이라는 판타지는 현재 시점에서 시트콤의 주제로 어떻게 갱신될 수 있을까?

새 술은 새 부대에

이 글을 쓰고 있는 2024년 하반기부터 2025년 상반기까지, 이순재 배우에 관한 다양한 소식이 업데이트되었다. 하이킥 시리즈로부터 세월이 많이 흔 만큼 건강상의 이유로 출연 중이던 연극에 하차하였고, 2025년 1월 대상 수상을 위해 '2024 KBS 연기대상' 무대에 오른 이후로는 공식 석상에 더 이상 모습을 드러내지 않고 있다.

그러나 그를 역대 최고령 대상 수상자로 만든 작품이 〈개소리〉(2024)라는 점은 내 마음에 깊은 울림과 자긍심을 준다. 이 작품은 개 배우들과 함께 이순재를 포함한 시니어 배우들이 중심이 되어 이끌어간 드라마로, 변화하는 한국 사회의 양상을 반영하듯 노인의 삶에 주목하며, 반려동물과의 관계를 새로운 가족 형태로 흥미롭게 그려냈다. 〈개소리〉를 전형적인 시트콤이라 보긴 어렵지만, 작품 안에서 15년 만에 '이순재'라는 이름을 다시 연기한 그를 오롯이 기념할 수 있다는 점은 시트콤의 계보 속에서도 의미심장한 일이다. TV를 통해 한 사람의 인생을 긴 세월 지켜보며 그와 함께 나이 드는 작품과 캐릭터를 상상할 수 있다는 것은 배우에게도 시청자에게도 드문 축복일 것이다. 이는 한국 드라마의 역사 속에서 이순재가 자신의 이름을 걸고 그려온 장면들이, 곧 우리 시대의 자연스러운 얼굴들과 다르지 않기 때문이다.

이처럼 일상에 가장 밀착된 형식을 가진 시트콤은 단지 시대를 반영하는 데 그치지 않고, 우리의 실제 일상을 조직하는 방식에까지 영향을 미칠 수 있는 장르다. 시대를 막론하고 늘 비슷해 보이는 시트콤의 구조들—과장된 상황 설정, 반복적인 에피소드 구조, 전형화된 인물 관계—은 자칫 단순해 보일 수 있다. 그러나 오히려 그 틀 안에서 사회의 모순이나 변화의 징후가 더 선명하게 드러나곤 한다. 시트콤은 언제나 현실을 다루지만, 결코 현실 그대로를 재현하지 않는다. 익숙한 삶의 장면들을 유쾌하게 어긋나게 함으로써, 우리가 무심히 받아들여온 규범이나 관계를 낯설게 다시 바라보도록 유도한다.

하지만 그렇게 현실을 비틀며 되비추던 시트콤의 힘은 OTT 시대의 도래와 함께 점점 희미해지는 듯하다. 요즘의 시트콤은 여러 설정들이 덧대어져 고유의 리듬을 잃고 다소 요란하기만 하다. 언제든지 찾아볼 수는 있지만, 시즌을 나눠 자꾸 호흡이 끊기는 시청 방식도 도무지 마음에 들지 않는다. 다른 드라마 장르와 다를 바가 없다고 느끼기 때문이다. 그래서일까. 매일 TV 앞에 앉아 프로그램이 시작하기를 기꺼이 기다리는 시청자가 점점 소멸해 가는 지금, 나는 애석하게도 시트콤의 시대가 다시 돌아오기를 바라고 있다. 여전히 새 부대를 찾지 못한 채, 옛 시트콤을 보고 또 보면서.

드라마는 세계
ⓒ 박가희 임영주 남선우 최윤석 유진영

초판 1쇄 발행 2025년 6월 25일

지은이	드라마 연구회	펴낸이	김동연
편집	김민채	펴낸곳	뉘앙스
디자인	퍼머넌트 잉크	전화	02-455-8442
제작	크레인	팩스	02-6280-8441
		홈페이지	franz.kr
		인스타그램	nuance.books
		이메일	hello@franz.kr

ISBN 979-11-984917-2-5 03810

- 뉘앙스는 프란츠 출판사의 라이프스타일 브랜드입니다.
- 파본은 구입처에서 교환해 드립니다.
- 값은 뒤표지에 있습니다.
- 이 책 내용의 전부 또는 일부를 재사용하려면 반드시 저작권자와 출판사 양측의 동의를 받아야 합니다.

NUANCE